시로 만나는 하나님

당신이 기독교인이라면 알아야 할 詩

송광택 목사 지음

시로 만나는 하나님

초판 1쇄 인쇄 2021년 8월 13일
초판 1쇄 발행 2021년 8월 20일

지은이 송광택

펴낸이 박세현
펴낸곳 팬덤북스

기획 편집 윤수진 김상희
디자인 이새봄
마케팅 전창열

주소 (우)14557 경기도 부천시 부천로 198번길 18, 202동 1104호
전화 070-8821-4312 | **팩스** 02-6008-4318
이메일 fandombooks@naver.com
블로그 http://blog.naver.com/fandombooks

출판등록 2009년 7월 9일(제2018-000046호)

ISBN 979-11-6169-175-6 (03230)

시로 만나는 하나님

*

당신이 기독교인이라면 알아야 할 詩

————

송광택 목사 지음

Meet God
in
poem

팬덤북스

오랜 기간 독서 운동을 전개하며 저술을 통해 신앙 인격과 교양과 품성을 신장하도록 이끌어 온 저술가요, 시인이신 송광택 목사가 이번에는 《시로 만나는 하나님》이라는 책을 상재했다. 폴 발레리가 말한 대로 좋은 시를 읽으면 영원 세계와 하나님을 만날 수 있고, 그런 체험을 한 사람은 모든 것을 하나님 중심으로 사유하고 의미화하고 형상화하는 세계관을 가지게 된다. 상상력을 통해 시 세계로 문학 여행을 하면 다양한 시적 풍경을 볼 수 있고, 나와는 다른 사람들의 체험을 통해 다양한 세계에 대한 공감도 가능하다. 결국 이 책은 읽는 사람의 존재를 확대시켜주는 동시에 극치의 미와 진리를 체감하게 하고, 명쾌하고 명석한 해설을 통해서 미래를 바라보는 가치관을 제공해준다. 그래서 이 책을 고마운 마음을 안고 추천하며 일독하기를 권하는 바이다.

-조신권 박사 현 연세대 명예교수·전 총신대 초빙교수·시인·평론가

좋은 시는 우리를 이성의 세계에서 영성의 세계로 승화시켜준다. 그래서 시는 4차원의 예술이다. 독서 리더인 저자는 명시의 향기로 우리를 초대한다. 영미 서정시를 비롯하여 동서고금의 애송시를 엄선해서 간결한 해설을 통해 시 감상의 새로운 패러다임을 보여주고 있다. 무엇보다 행간에 갈무리된 시의 향기에 젖게 한다.

또 시 읽기의 행복을 맛보게 한다. 해설 속의 인용시도 감칠맛이 있어서 황량한 현대인의 정서를 적셔줄 뿐 아니라 시창작의 예술혼을 일깨운다. 특히 해설의 절정은 하나님과의 만남에서 빛난다. 시의 이미지는 지적 표현을 넘어서, 영적 세계관의 대평원으로 안내해 지성과 영성의 지평을 넓혀 준다. 시를 따라가노라면 시인의 진솔한 내면의 숨결과 만나게 되고, 마침내 은밀한 영혼의 속삭임은 절대자의 숨결과 조우하게 된다. 이것이 시의 신비이며 하나님 나라의 비밀이다. 시가 있는 뜨락, 그것은 그리스도와 교제하는 시간이요 공간이다.

-박종구 박사 <월간 목회> 발행인·시인

우리 시대, 독서 운동의 정직한 권위자요 시인이시며 신학자이신 송광택 목사님이《시로 만나는 하나님》이란 멋진 책명으로 주옥같은 내용의 역저를 출간하셨다. 성찰과 숙고 끝에 선정한 세계적 명시를 소개하고, 그 시를 통해 시의 신선한 재료인 천·지·인天·地·人의 진·선·미眞·善·美를 넘어 신·망·애信·望·愛를 맛보아 알도록 온 우주와 시의 창조주, 만복의 근원이신 하나님을 체험하도록 안내한다. 일반적으로 '시는 어렵다'라고 갈증을 느끼는 이들에게는 시와 더 친숙하게 하고, 또한 시작詩作의 요령과 시의 행복감을 고이 전해준다.

무엇보다 이 책을 정독하면 인간을 향하신 하나님의 뜻인 '항상 기뻐할' 이유를 알 수 있고, '기도하는' 습관을 갖게 되고, '범사에 감사하는' 복된 삶의 비결을 경험할 수 있다.

따라서 자신 있게 이 책을 남녀노소 신·불신信·不信 간에 애독을 권하고 싶다. 누구에게나 전하고 선물하고픈 명저! 이 책을 읽음으로 아름다운 시들을 만나고 더욱이《성경》시편의 원저자 하나님의 신성神性을 닮아 독자의 인성人性이 업그레이드될 것이라 믿는다. AI시대에, 특히 우리의 자녀와 청년 학생들의 필독서로 강력 추천한다.

-김시우 박사 성산효대학원대학교 석좌교수·시인

시詩, 하나님이 주신 선물

문학은 다른 예술과 마찬가지로, 상상력을 통해 시공을 벗어나 여행을 하면서 보고, 배우고, 즐길 수 있게 해준다. 그리고 이 과정에서 우리는 더 성숙한 모습으로 보고 배우고 즐길 수 있다. 한마디로 문학은 우리를 넓혀 준다. 그중에서도 시는 우리가 가지고 있지 않은 경험이나 관점을 형상화시켜준다.

　우리는 한 편의 시를 읽고 생각하면서 인간 경험의 어떤 측면을 의식하게 된다. 예를 들면 시인은 우리로 하여금 자연이 가진 다면적 아름다움을 의식하도록 함으로써 우리 자신을 풍부하게 해준다. 우리는 시를 읽으면서 우리 주변 사람들과 자연에 대한 각성된 의식을 갖게된다. 시를 감상할 때 우리는 사람들의 기쁨과 슬픔 그리고 고뇌와 환희에 참여한다. 한 편의 시에는 하나의 인생관이 담겨 있다.

시인은 책상 앞에서만 시를 쓰지 않는다. 시인은 먹고 마시면서도 일상의 신비를 엿본다. 시인은 산책하면서 생각하고 묵상하면서도 시심詩心을 가꾼다. 시인에게는 사계절마다 시의 소재가 넘쳐난다. 그가 관찰하고 주목하는 모든 사물이 시로 태어난다. 시인에게는 자연 만물이 스승이다. 따라서 시인은 세밀하게 관찰하는 눈을 갖고 있어야 한다. 평범하게 보이는 사물에서도 지혜의 빛을 발견하곤 한다. 어떻게 이러한 발견이 가능할까.

김승옥은 말하기를 "글을 쓴다는 것은 밖의 것을 받아들여impression 자기의 마음이라는 필터에 걸러낸 후, 밖으로 뱉어 놓는 것expression을 말한다. 받아들이는 것 없이는 결코 나올 수가 없는 것이다… 무엇을 쓴다는 것은 그리 거창한 것이 아니다. 일상사에서 일어나는 각자의 느낌, 작은 것을 세밀하게 관찰하여 거기서 오는 새로운 발견이, 바로 글의 시작이 되는 것이다"라고 했다. 관찰은 시인의 필수적 덕목이다. 시인은 관찰과 관조觀照를 통해 삶의 소소한 일상에서도 깨달음을 얻을 수 있다.

기독교 전통에서 시운문는 소중한 자산이다.《성서》에는 운문과 산문의 문학 형식들이 복합적으로 사용되고 있다. 특히《구약성서》의 운문시가서인〈시편〉은 지금도 사랑을 받고 있다. 교회 역사를 살펴보면 많은 기독교인이 시편을 암송했고 예배에서 시편을 노래로 사용했다.

시편은 기독교인의 영적 성장을 도와주었다. 뿐만 아니라 기쁨과 감사, 슬픔과 탄식 같은 정서적 경험을 표현하는 길이 되기도 했다. 시편은 수천 년 세월 동안 신앙공동체의 기도와 찬양이 되었다. 널리 사랑받는 시편 23편은 어느 나라 말로 번역해도 아름다운 찬송이 된다. 기독교인은 지금도 아름다운 시편과 더불어 믿음의 길을 걸어간다.

> 여호와는 나의 목자시니
> 내게 부족함이 없으리로다
> 그가 나를 푸른 풀밭에 누이시며
> 쉴 만한 물가로 인도하시는도다
> -시 23:1-2, (개역개정)

이 세상에는 아름다운 시를 남긴 분들이 참으로 많다. 지금도 맑은 눈으로 새벽을 열면서 또는 밤을 지새우며 시어詩語를 다듬는 이들이 있다. 나는 그 수많은 시들 중에서 몇 편을 골라 들여다보았다. 첫눈에 반한 시도 있고 묵묵히 옆에 앉아 있다가 친구가 된 시도 있었다. 아직 그 속내를 몰라 기다려줘야 하는 시편도 있었다. 그 시를 품고 하늘을 보고 땅을 보았다. 숲을 보고 바람을 느끼고 생生의 환희를 잠시 엿보았다. 무엇보다도 하나님의 피조물인 인간의 놀라운 상상력에 감탄하였다. 시인이 미물에 이름을 붙여주는 순간 하나님의 빛 안에서 생명이 약동하는 기적을 숨죽이며 지켜보기도 했다.

우리의 언어는 하나님의 선물이다. 시인의 언어로 빚은 시들도 우리에게 주어진 선물이다. 여기에 모아놓은 시편을 통해 하나님이 만든 세계의 아름다움과 신비, 인생의 다양한 빛깔과 향기를 경험하기를 기대해본다.

한 권의 책이 나오기까지 많은 이의 관심과 격려가 배후에 있었다. 귀한 추천사를 기꺼이 써주신 은사 조신권 박사, 박종구 박사, 그리고 김시우 박사에게 머리 숙여 감사드린다. 망백望百의 어머니 김기동 권사와 사랑하는 아내, 딸과 아들, 동생 내외와 조카, 여동생, 바울의교회 교우들 그리고 문예반의 추억을 공유하는 벗들과 기쁨을 나누고 싶다. 팬덤북스 발행인 박세현 대표와 윤수진 편집팀장에게도 따뜻한 감사의 뜻을 전하고 싶다.

하나님 아버지께 영광을 돌린다.

바울의교회 글향기도서관에서
송광택

• CONTENTS •

✳ CHAPTER 02.
기도의 시에서 만난 하나님

✳ CHAPTER 03.
가정을 위한 시에서 만난 하나님

✳ CHAPTER 04.
고난의 시에서 만난 하나님

✳ CHAPTER 05.
사랑의 시에서 만난 하나님

Meet God
in
poem

CHAPTER 01.
자연의 시에서 만난 하나님

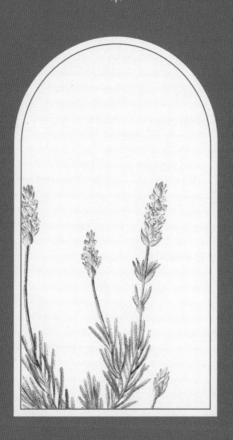

6월의 나무에게

• 프란츠 카프카

나무여, 나는 안다
그대가 묵묵히 한곳에 머물러 있어도
쉬지 않고 먼 길을 걸어왔음을

고단한 계절을 건너 와서
산들거리는 바람에 이마의 땀을 씻고
이제 발등 아래서 쉴 수 있는
그대도 어엿한 그늘을 갖게 되었다
산도 제 모습을 갖추고
둥지 틀고 나뭇가지를 나는 새들이며
습윤한 골짜기에서 들려오는
맑고 깨끗한 물소리는
종일토록 등줄기를 타고 오르며
저녁이 와도 별빛 머물다가

이파리마다 이슬을 내려놓으니
한창으로 푸름을 지켜 낸 청명은
아침이 오면 햇살 기다려
깃을 펴고 마중 길에 든다

나무여, 푸른 6월의 나무여

• 하나님이 쓰신 자연의 책 •

"하나님은 두 권의 책을 쓰셨는데, 하나는 성서이고 또 하나는 자연의 책이다."

20세기 영국의 탁월한 설교자 존 스토트의 말이다. 시인들은 자연의 책을 많이 읽는다. 자연을 바라보고 자연과 대화하고 교감한다. 카프카의 시 〈6월의 나무에게〉도 이러한 교감의 결과물이다. 고려시대의 문인 이규보는 시인이 바라보는 대상이 무한하다고 생각했다. 그에 따르면 시의 소재는 '구름과 노을의 아름다움과 달과 이슬의 정기와 벌레와 물고기의 기이함과 새와 짐승의 기괴함과 움트고 꽃 피는 초목의 천만 가지 현상이 온 천지를 장식하는 것'이다. 한마디로 천지만물이 다 시인의 노래로 다시 태어날 수 있다.

이 시는 카프카가 초여름의 나무를 노래한 시다. 어떤 종류의 나무인지 알 수 없지만 오랜 시간 나무를 지켜보고, 그 나무와 대화하는 수

준에 이른 듯하다. 사실 시인은 나무를 단지 쳐다보는 사람이 아니다. 시인은 깊은 수준에서 나무와 소통하고, 때로는 신비적 합일의 느낌도 경험한다. 푸른 6월의 나무를 응시하면서 카프카는 삶을 들여다본다. 현상 뒤의 본질을 본다. 우리로 하여금 흔들리는 현실 이면의 참된 무엇을 보도록 이끈다.

가장 강한 나무는 울창한 숲속에
안전하게 서 있는 나무가 아니다.
툭 터진 평원에 외롭게 서서
비바람과 맹렬하게 맞서서 싸우는 나무다.

-나폴레온 힐

가을

• 라이너 마리아 릴케

나뭇잎이 떨어집니다.
아슬한 곳에서 내려오는 양
하늘나라 먼 정원이 시든 양
거부하는 몸짓으로 떨어집니다.

그리하여 밤이 되면
무거운 대지가
온 별들로부터
정적 속에 떨어집니다.

우리도 모두 떨어집니다.
여기 이 손도 떨어집니다.
그대여, 보시라. 다른 것들을.
만상이 떨어지는 것을.

하지만

그 어느 한 분이 있어

이 낙하(落下)를

무한히 다정한 손길로 어루만져주십니다.

낙하하는 나뭇잎 하나에서도 하나님의 손길을 느낀다

16세기 종교개혁자 장 칼뱅John Calvin에 따르면 우연히 발생하는 일은 아무것도 없다. 왜냐하면 하나님께서 개개의 사건들을 조정하시고, 이 사건들은 모두 하나님의 결정된 계획에서 나왔기 때문이다. 하나님의 확실한 명령 없이는 한 방울의 비도 떨어질 수 없다고 칼뱅은 말했다. 그는 태양이 떠오르는 것은 자연의 맹목적인 본능에 의한 것이 아니라고 했다. 태양을 보면서 우리는 아버지 되시는 하나님의 은총을 새로이 기억하게 된다는 것이다.

릴케는 나뭇잎이 떨어지는 것을 본다. 알고 보면 삼라만상 모든 것이 낙하한다. 생명이 있는 모든 것은 마지막 순간을 맞이한다.

초목도 쇠락의 시간을 거스를 수 없다. 시인은 낙하하는 나뭇잎을 보면서 일종의 허무감을 느끼지만 그것이 끝이 아니다. 누군가가 이 낙하를 무한히 다정한 손길로 어루만져주시기 때문이다. 신앙의 눈으로 바라볼 때 우리는 만물 속에서 은총의 빛을 발견한다.

가을을 찬양하라! 열매를 매달지 않은 가지가 없구나!
심장 역시 넘치는 풍요가 필요하니, 결코 족할 수가 없도다!

-콘라트 페르디난트 마이어

나는 첫눈을 밟고 거닌다

• 세르게이 에세닌

나는 첫눈을 밟고 거닌다
마음속에는 생기 넘치는 은방울꽃
저녁은 길 위에서 푸른 촛불처럼
별빛을 밝힌다.

나는 모른다. 그것이 빛인지 어둠인지.
수풀 속에서 노래하는 것이 바람인지 수탉인지
어쩌면 그것은 들판 위 겨울 대신
백조들이 풀밭에 내려앉은 것이리라.

오, 하얀 설원이여, 아름답구나!
가벼운 추위가 내 피를 데우고 있다!
내 몸뚱이로 꼭 그러안고 싶다
자작나무의 드러난 가슴을.

오, 숲의 울창한 아련함이여!
오, 눈 덮인 밭의 쾌활함이여!
못 견디게 두 손을 모으고 싶다
버드나무의 허벅다리 위에서.

• 자연과 생생한 교감을 나누며 살라 •

예수 그리스도는 자연을 사랑하셨다. 자연 가운데 자주 머물렀고, 산과 들에 있을 때 언제나 편안함을 느끼셨다. 그가 첫 번째 설교를 파란 하늘 아래서, 그리고 산들바람이 불어오는 곳에서 전하셨다는 것은 우연한 일이 아니었다. 동터오는 새벽의 신선함을 사랑하셨고 인적 드문 산기슭에서 잠시 쉬기를 즐기셨다. 그만큼 계절과 교감하면서 대지 위를 걸어 다니시길 즐기셨다.

시인은 첫눈이 쌓인 설원을 바라보며 감격한다. 울창한 숲속에서 느끼는 추위는 전혀 문제가 되지 않는다. 오히려 두 손 모아 기도하고 싶은 마음이 솟아나게 하는 첫눈이다. 자연과의 이러한 교감을 통해 시인은 감미로운 시를 우리에게 선물했다.

자연과 교감을 나누지 못하는 사람에게 구름이나 일몰은 무의미할 것이다. 인생의 큰 목표가 있을지라도, 꽃과 새와 나무와 더불어 사는 법을 터득하지 못한다면 아무런 의미가 없을 것이다.

자연 가운데는 평화가 있다.

-조지 모리슨

누가 나무를
제일 사랑하지?

• 앨리스 메이 더글라스

누가 나무를 제일 사랑하지? "나" 하고 봄이 말했다.
"내가 나무에 아주 예쁜 나뭇잎 옷을 입혀 주거든."

누가 나무를 제일 사랑하지? "나" 하고 여름이 말했다.
"난 나무에 하얗고 노랗고 빨간 꽃을 피워주니까."

누가 나무를 제일 사랑하지? "나" 하고 가을이 말했다.
"난 맛있는 과일을 주고 화려한 단풍을 입혀 준단 말야."

누가 나무를 제일 사랑하지? "내가 제일 사랑해"
모진 겨울이 대답했다, "난 나무들에게 휴식을 주니까."

· 인생의 계절에도 의미가 있다 ·

어느 분이 나에게 이렇게 말했다.

"저는 더위는 참겠지만 추운 건 정말 힘들어요."

그분은 겨울 추위를 두려워했다.

한편 故 신영복 교수는 20년 20일 동안의 '감옥 대학' 체험을 한 후 이렇게 말했다.

"여름철의 좁은 잠자리는 옆 사람을 증오하게 합니다. 겨울철의 추위는 옆 사람의 체온으로 견딥니다."

그는 비록 혹독한 생활을 하는 삶이었지만, 하루 2시간의 겨울 햇볕 한 장만으로도 인생은 결코 손해가 아니었다고 말한다.

같은 계절이라도 사람마다 그 계절의 느낌과 경험은 다양하다. 초등학교 6학년 때 얼음과자아이스케키를 나무상자에 넣어 팔아본 적이 있는데, 시간이 지나면 여름 열기에 녹아버리는 빙과는 상품 가치가 없어져버리곤 했다. 그러나 땀을 흘려 돈을 번다는 의미를 배웠던 경험이었다.

대학교 입학을 앞두고 겨울에 동태 장사를 한 적도 있다. 겨울 찬바람을 맞으며 노량진 수산시장에 가서 동태 한 짝을 샀다. 동태를 양손에 나누어 들고 새벽부터 골목을 누비며 동태를 팔았다. 사는 분들이 복을 받으라고 '복동태'라는 이름을 붙여주시기도 했다. 그해 추위는 혹독했지만 돌이켜보면 젊은 날의 값진 체험학습이었다.

인생 또한 네 가지 계절을 거친다고 한다. 각각은 계절은 다 의미가 있다. 어느 누구도 봄철만 누리며 지낼 수는 없을 것이다. 인생의 모든 계절에서 그 풍성한 의미를 음미해야 하리라.

늙어가는 법을 안다는 것은 지혜의 걸작으로
위대한 삶의 예술 가운데서도 가장 어려운 장에 속한다.

-헨리 프레데릭 아미엘

낙엽

• 헤르만 헤세

꽃마다 열매가 되려고 합니다.
아침은 저녁이 되려고 합니다.

변화하고 없어지는 것 외에는
영원한 것은 이 세상에 없습니다.

그토록 아름다운 여름까지도
가을이 되어 조락(凋落)을 느끼려고 합니다.

나뭇잎이여, 바람이 그대를 유혹하거든
가만히 끈기 있게 매달려 있으십시오.

그대의 유희를 계속하고 거역하지 마십시오.
조용히 내 버려두십시오.

바람이 그대를 떨어뜨려서
집으로 불어가게 하십시오.

*조락(凋落): 초목의 잎 따위가 시들어 떨어짐

자연은 삶의 변화를
가르쳐준다

〈낙엽〉에서 시인은 자연의 변화와 그 무상함을 노래한다. 계절의 변화
를 이길 수 있는 초목은 아무것도 없다. 여름은 가을을 맞이하고, 잎은
결국 시들어 떨어진다. 영원한 것은 이 세상에 없다. 하지만 시인은 나
뭇잎에게 "바람이 그대를 유혹하거든 / 가만히 끈기 있게 매달려" 있으
라고 말한다. 계절의 변화는 거스를 수 없지만 끝까지 자기 자리를 지키
라고 말한다. 때가 이르면 바람이 나뭇잎을 떨어뜨릴 것이다. 그 순간이
올 때까지 모든 변화를 잠잠히 받아들이라는 것이 시인의 마음이리라.

바람은 나뭇잎이 땅에 떨어져 흙으로 돌아가게 한다. 마찬가지로 모
든 사람은 때가 되면 그의 생을 마무리하고 본향으로 돌아간다. 우리가
맞이하는 그날은 낯선 방문객이 아니다. 이미 자연의 변화는 삶의 변화
를 가르쳐주지 않았는가. 땅에 떨어지는 나뭇잎 하나, 계절의 작은 변화
는 우리에게 세미한 음성으로 매일 설교하고 있다.

사람은 망설이지만 시간은 망설이지 않는다.
잃어버린 시간은 되돌아오지 않는다.

-벤저민 프랭클린

인생의 계절

• 존 키츠

한 해가 네 계절로 채워져 있듯
인생에도 네 계절이 있나니

원기 왕성한 사람의 봄은 그의 마음이
모든 것을 분명 아름답게 받아들이는 때이며,

그의 여름엔 화사하며
봄의 달콤하고 발랄한 생각을 사랑하여
되새김질하는 때이니 그의 꿈이 하늘 천정까지
높이 날아오르는 부푼 꿈을 꾸고,

그의 영혼에 가을 오나니
그는 꿈의 날개를 접고
올바른 것들을 놓친 잘못과 태만을

울타리 밖 실개천을 무심히 쳐다보듯
방관하여 체념하는 때로다.

그에게 겨울 또한 오리니 창백하게 일그러진 모습으로,
그렇지 않으면 죽음의 길을 먼저 가 있을 것이니.

존 키츠는 이 시에서 인생에도 네 계절이 있다고 말한다. 이 시는 죽음
을 향해 가는 인생을 계절의 이미지를 빌려 노래한다. 또 계절의 변화를
보면서 삶의 유한함과 연약함을 절감한다.

시를 읽다보면 내가 여기 살아 있다는 것, 그 자체가 대단한 것이라
는 생각이 든다. 그 값진 삶을 보다 멋지게 사는 것은 살아 있는 사람의
특권이다.

죽음 뒤의 삶을 믿는 자만이 현재의 삶도 가질 수 있다.

-헤르만 요셉 조헤

눈 속의 나그네

• 헤르만 헤세

한밤 자정에 시계소리 산골을 울리고
달은 헐벗고 하늘을 헤매고 있다.

길가에 그리고 눈과 달빛 속에
나는 홀로 내 그림자와 걸어간다.

얼마나 많은 푸른 봄길을 나는 걸었으며
또 타오르는 여름날의 해를 나는 보았던가!

내 발길은 지쳤고 내 머리는 회색이 되었나니
아무도 예전의 내 모습을 알지 못한다.

지쳐서 가냘픈 내 그림자 이제 걸음을 멈추나니
언젠가는 나그네 길로 끝이 나리라.

세상 화려한 곳에 나를 이끌던 꿈도 사라지나니
꿈이 나를 속인 것을 이제 알았다.

시계소리 산골에서 자정을 울리고
오, 달은 저 하늘에서 차갑게 웃고 있다.

흰 눈은 내 이마와 가슴을 차갑게 안아 준다!
죽음은 내가 알던 것보다는 무척 깨끗하다.

· 품위 있게 늙어가는 법 ·

시인은 인생의 황혼을 맞이한 나그네다. 달빛에 의지해 길을 걸으며 회상에 잠긴다. 세월이 흘러 얼굴에 주름은 늘어가고 눈도 침침해졌다. 흰머리에 용모도 변했으니 알아보는 이가 없을지도 모른다. 시계 소리는 자정을 울리고 달빛은 차갑다. 꿈을 추구한 옛적 일들을 떠올려보지만 이젠 모든 것이 허망할 뿐이다. 명예와 쾌락을 좇아 헤매던 젊은 날의 기억이 차가운 눈 속에 서 있는 나그네의 마음을 파고든다. 이제 그는 모든 것을 내려놓을 때가 되었음을 감지한다. 생각해보면 죽음의 때도 멀지 않을 터이니.

사람은 늦게 철이 드나보다. 나이 육십이 넘어도 물질과 명예의 노예 상태에서 벗어나지 못하고 미망迷妄의 세월을 보내곤 한다. 멋있게 나이 드는 법을 알지 못하는 인생이 많다. 이 시는 우리에게 이제 품위 있게 나이드는 법을 알아가야 하지 않을까 질문하는 듯하다.

시련과 고통의 경험을 통해서만 강한 영혼이 탄생한다.

-헬렌 켈러

대지

• 엘케 외르트겐

한평생 동안 우리는
대지의 손님입니다.
대지는 우리를 길러주고 품어주다가
죽음의 품속에 우리를 거두어갑니다.

대지로 돌아가서 먼지가 되는
위대한 변화.
사랑스레 대지를 받들어야 할 이유가
주인의 권리를 존중해야 할 이유가
바로 여기 있습니다.
우리가 지닌 이 대지는
단 하나뿐이니까요.

우리는 대지의 살점을 도려내고,

대지의 피부로부터 털을 깎듯
숲을 베어냅니다.

더구나 구멍 숭숭한 상처 속에
아스팔트를 메꾸어 숨통을 틀어막지요.

어느새 우리는 대지의 주인이 되었습니다.
인정이라곤 털끝만큼도 없는 강도가 되어
밤낮 구별 없이
대지를 약탈하고 있습니다.

우리는 이성을 잃어버린 도굴꾼이었습니다.
물고기와 물새들이 기름에 덮여
목숨을 잃듯이,
오염된 물과 흙
독이 밴 바람을 마시며
대지 역시 절명할 수 있습니다.

이제 대지의 기억 속에
남아 있는 것이라곤,
우리가 그와 그의 피조물들에게
저지른 짓거리일 뿐.

・ 자연과 함께 살아가야 하는 우리 ・

서유럽의 시인들 중 대표적 생태시인으로 손꼽히는 엘케 외르트겐의 생태시다. 그는 현대문명에 의해 파괴되는 자연의 몰골을 목격하고, 자연과 사람의 상생이 교란되는 현실을 고발한다.

아름다운 자연은 현실에서 멀어져가고 있다. 시인은 인간과 더불어 건강하게 보존되는 대지를 꿈꾼다. 이 꿈이 하나의 유토피아로 끝나지 않기를 기원한다. 이 대지를 보존하지 못할 때 '생존'의 위기 상황을 맞이할 수 있기 때문이다. 이 시는 생명의 출구를 찾는 저항의 언어다. 자연과 사람이 함께 살아가야 한다는 상생의 노래다.

나무를 사람처럼 받들지 않는다면

우리 모두는 황량한 땅에서 돌처럼 굳어가리라.

－페레나 렌취

암벽 사이에 핀 꽃

• 알프레드 테니슨

틈이 벌어진 암벽 사이에 핀 꽃

그 암벽에서 널 뽑아들었다.

여기 뿌리까지 널 내 손에 들고 있다.

작은 꽃-- 하지만 내가 너의 본질을

뿌리까지 송두리째 이해할 수 있다면

하나님과 인간이 무언지 알 수 있으련만.

· 꽃 속에서 우주를 보다 ·

테니슨은 '암벽 사이에 핀 꽃'을 뽑아들었다. 아마도 동양의 시인이라면 그 꽃을 뽑지 않고 다만 지켜보면서, 또 음미하면서 그 꽃을 노래하였으리라. 어찌되었든 테니슨은 뿌리째 뽑은 작은 꽃을 보면서 인간 지식의 한계, 이해의 천박함, 지혜의 부족을 절감한다.

한 송이 꽃도 잘 알지 못하는 우리는 무엇인가. 우주 안에서 우리는 얼마나 미미한 존재인가. 자연 앞에서 인간은 티끌이다. 하지만 시인과 같은 눈으로 보고 생각하고 탐구한다면 하나님과 인간이 무언지 알 수 있는 길이 보이지 않을까.

옛사람은 말했다. 절문이근사切問而近思! 절실하게 묻고 가까운 일상에서 구체적으로 생각하라는 뜻이다. 그런 의미에서 꽃 한 송이를 보며 구도자처럼 탄식한 테니슨의 시는 울림을 준다.

이 드넓은 우주에 우리밖에 없다면, 그것은 엄청난 공간 낭비다.

- 칼 세이건

폭풍의 경고

• 에이드리언 리치

오후 내내 창문이 미끄러져 내렸다.
어떤 바람이 머리 위로 부는지,
어떤 잿빛 불안이 대지를 가로지르는지,
관측기보다 더 잘 아는 것 같았다
나는 덮개 씌운 의자 위에 책을 내려놓고
닫힌 창문 쪽으로 걸어간다, 나뭇가지들이
하늘을 향해 쭉 뻗은 것을 보면서.

그리고 다시 생각한다, 공기가 방 안으로 들어와
기다림의 고요한 중심을 향해 움직일 때 종종 그러듯이,
어떻게 시간은 단 하나의 목적으로 알 수 없는
은밀한 기류를 타고 이 극지까지
흘러왔을까, 바깥의 날씨와
마음속의 날씨는 똑같이 몰아친다

일기예보에 상관없이.

예견하기와 변화를 피하기
그 사이에 폭풍을 통제하는 모든 것이 있다
시계(視界)와 대기를 측정하는 장비들도 바꿀 수 없는,
시간을 손에 쥐었다고 시간을 통제하는 것이 아니며,
어떤 도구가 산산이 부서졌다는 것이
바람을 막았다는 증거가 되지도 않는다.
바람은 일기 마련이다.
우리는 다만 셔터를 내릴 뿐.

하늘이 컴컴해지면 나는 커튼을 친다
그리고 유리 덮개를 들어 초에 불을 붙이고 내려놓는다
문 열쇠 구멍으로 불어드는 바람에도, 다 메우지 못한 틈새로
구슬프게 울어대는 바람에도 끄떡없게.
이것은 그런 계절에 대응하는 우리의 유일한 방어기술이다,
이런 것은 우리가 배워야 했던 기술이다
불안정한 지역에 살고 있기에.

자연은 하나님의 권능과 위엄을 보여준다

사람들은 폭풍을 예보하는 기술을 발전시켜 왔다. 정교한 기계와 기술로 바람의 방향을 예측하지만 그 누구도 바람을 통제할 수 없다. 우리가 할 수 있는 일은 제한적이다.

삶은 언제나 '불안정한 지역'이다. 우리는 폭풍이 다가오는 계절에 대응하는 법을 배운다. 바람은 문 열쇠 구멍으로도 불어든다. '폭풍의 경고' 앞에서 무력하기는 누구나 마찬가지다. 구약성서 욥기를 보면 하나님께서 '폭풍우 가운데에서' 욥에게 말씀하신다욥기 38:1, 40:6. 폭풍우는 하나님의 권능과 위엄을 드러내는 장치로 등장한 것일까. 욥도 보잘것없는 피조물로서의 무력감을 느꼈으리라. 자연은 항상 하나님을 향한 경외심을 가르쳐주곤 한다.

폭풍우는 그 밀실에서 나오고

추위는 북풍을 타고 오느니라.

— 구약성서 욥기 37:9

모래톱을 건너며

• 알프레드 테니슨

해 지고 저녁별 뜨니
누군가 나를 부르는 투명한 소리
나 바다로 나갈 때
모래톱에 슬픈 울음 없기를

무한한 바다에서 온 것들이
다시 제 고향으로 돌아갈 때
소리나 거품을 내기에는 너무나 충만한
잠든 듯 움직이는 조수만이 있기를

황혼 그리고 저녁 종소리에
어둠이 내리니,
내가 배에 오를 때
이별의 슬픔 없기를

시간과 공간의 한계로부터

물결이 나를 싣고 멀리 가더라도

나 모래톱을 건넜을 때

나를 인도하신 그 분을 만나 뵙게 되기를

이 시는 1889년 테니슨이 77세의 늦은 나이에 쓴 작품으로, 죽음을 맞이하는 것을 배가 바닷가를 벗어나서 먼 바다로 나아가는 것으로 비유해 쓴 시이다. 인생의 말년은 '해 지고 저녁별 뜨니' 때이다. 그때는 '황혼 그리고 저녁 종소리에' 어둠이 내리는 때이다.

죽음은 잘 준비해야 한다. 그래야만 슬픔 없는 마무리를 할 수 있다. 그리고 죽음은 '시간과 공간의 한계'에 있는 우리를 다른 차원으로 인도한다. 시인은 한평생 그를 인도하신 그분을 만나뵙기를 소망한다. 우리의 소망과 기도도 이와 같지 않은가.

소망은 가장 어두운 먹구름 속에서도
하늘을 볼 수 있게 해준다.

-토머스 브룩스

CHAPTER 02

기도의 시에서 만난 하나님

✳

기도

• 칼 라너

주 예수 그리스도여,
당신은 제 삶을 돋보이게 하는
참된 신앙의 길을 보여주셨습니다.

그것은 하루하루의 삶 속에서
적극적으로, 즉시 도움의 손길을 내미는
이웃 사랑의 길이었습니다.

이 길 위에서 저는
전혀 모르는
당신을 만납니다.

오, 삶의 빛이신 분이여
당신의 오솔길로 저를 인도하소서.

참을성 있게 그 길을 가며
언제나 새로운 영혼이 되어
항상 앞으로 나아가게 하소서.

사람들을 위해 제 존재를 걸고
제 자신을 선물로 내어줄 수 있도록
신비로운 힘을 주소서.

그리하면 당신은
제가 사랑하는 사람들과 하나 되어
신비로이 저를 향해
다가오실 것입니다.

형제들과 함께
저를 맞으러 오실 것입니다.

・ 이웃을 사랑하는 감사의 기도 ・

신학자 피터 포사이스Peter T, Forsyth는 '기도하지 않는 것이야말로 가장 끔찍한 죄'라고 했다. 기도는 의무이자 훈련이다. 기도는 좋든 싫든 적어도 하루에 한 번은 규칙적으로, 꾸준히, 작심하고 끈덕지게 드려야 한다. 기도에도 누적 효과가 있다.

신학자 칼 라너는 신앙의 오솔길로 초대하신 하나님께 감사한다. 감사만으로도 기도는 충분하다. 더 나아가 그는 인내로 그 길을 걸어가면서 동료 인간에게 사랑을 나누는 사람이 되기를 소원한다. 왜냐하면 그들을 받아들이고 포용하는 것이 바로 예수 그리스도를 향한 사랑을 삶으로 입증하는 길이기 때문이다.

기도는 시선을 교정하고 큰 그림을 보게 하며,
이리저리 흔들리는 갈대 신세에서 벗어나
자신의 실상을 제대로 보게 한다.

-팀 켈러

기도

• 라빈드라나드 타고르

위험에서 벗어나게 해달라 기도하지 말고
위험에 처해도 두려워하지 않게 해달라 기도하게 하소서

고통을 멎게 해달라 기도하지 말고
고통을 이겨낼 가슴을 달라 기도하게 하소서

생의 싸움터에서 함께할
친구를 보내달라 기도하는 대신
스스로의 힘을 갖게 해달라 기도하게 하소서

두려움 속에서 구원을 열망하기보다는
스스로 자유를 찾을 인내심을 달라 기도하게 하소서

나의 성공에서만 신의 자비를 느끼는

이기주의자가 되지 않게 하시고

나의 실패에서도 신의 손길을 느끼게 하소서

· 하나님이 원하는 진짜 기도 ·

하나님은 마음에서 우러나는 기도를 원하신다. 그리고 우리가 감동적인 표현들을 남발하는 걸 원치 않으신다. 말의 뜻은 생각해보지도 않고 사용하는 것도 원치 않으신다. 그저 친구나 아버지에게 말하듯이 그렇게 하나님께 말씀드리기를 바라신다. 진심으로, 존중하는 마음으로, 인격적으로 절실하게 말이다.

우리가 삶 속에서 잊지 않고 기도할 수 있는 방법은 기도를 하루 일정 속에 꼭 집어넣는 것이다. 어떤 사람들은 아침에 이부자리를 걷어차기 전에 기도 시간을 갖기도 한다. 그런가 하면 어떤 사람들은 커피를 마시면서 혹은 점심 식사를 하면서, 또는 직장 일이나 수업을 마친 후에, 또는 저녁 식사 후나 잠자기 바로 전에 기도 시간을 갖는다. 하루 중 어느 시간을 선택하든 그 시간을 성실하게 지키기만 한다면 상관없다. 기도는 우리의 일상적인 리듬 속에 꼭 들어 있어야 한다.

이 시에서 시인은 기도의 수준을 한 단계 높여보라고 권고한다. 그의 충고는 시도할 만한 가치가 충분하다. 유아와 같은 기도의 단계를 벗어나는 것은 '위험에서 벗어나게 해달라' 기도하지 않고 '위험에 처해도 두려워하지 않게 해달라'고 기도하는 것이다. '고통을 멎게 해달라' 기도하는 것이 아니라 '고통을 이겨낼 가슴을 달라'고 기도하는 것이다. 누구나 두려움 속에서는 구원을 열망하게 된다. 하지만 시인은 '스스로 자유를 찾을 인내심을 달라'고 기도한다.

기도는 인간의 영혼이 할 수 있는
가장 고상한 활동이다.

-마틴 로이드 존스

말없는 기도

• 마사 스넬 니컬슨

때때로 나는 말로 기도하지 않는다네.
내 손으로 내 맘을 취하여
주 앞에 올려 놓는다네.

그가 이해하시는 고로 나는 기쁘다네.
때때로 나는 말로 기도하지 않는다네.

그의 발 앞에 내 영혼이 고개를 숙이고
그리고 그의 손을 내 머리에 얹게 하여
우리는 조용하며 달콤한 사귐을 나눈다네.

때때로 나는 말로 기도하지 않는다네.
피곤해진 나는 그냥 쉬기만을 바란다네.

나의 약한 마음은 구주의 온유한 품속에서

모든 필요를 채운다네.

· 가슴으로 기도하기 ·

한국 교회의 기도 대부분은 '요구의 기도'라고 한다. 사업의 번창, 질병의 치유, 자녀의 성공, 대학 합격, 긴급한 문제 해결 같은 것들이 기도의 중심에 있다. 이러한 기도는 하나님과의 영적 사귐을 가로막는다. 영이신 하나님과의 사귐을 원한다면 '요구의 기도' 수준에 머물지 말고 기도의 수준을 더 높여야 한다.

물론 우리는 언제나 기도를 배우는 초보들이다. 영성가 토머스 머튼도 "우리는 평생 기도의 초보자 딱지를 결코 뗄 수 없다"라고 말하지 않았는가.

세상에서 가장 많이 하는 기도는 두 가지다. 하나는 "도와주세요. 도와주세요. 도와주세요"이고, 다른 하나는 "고맙습니다. 고맙습니다. 고맙습니다"이다.

기도가 하늘에 계신 아버지의 품안에서 영혼이 호흡하는 것이라면, 우리는 기꺼이 순진무구해질 필요가 있다. 어린아이가 우는 것과 우리가 기도하는 것은 똑같다. 어린아이가 우는 법을 배움이 아닌 자연적으로 알게 되듯이, 기도도 그 양식이나 규칙을 배우는 것이 아니라 새 생명에서 흘러나오는 것이다.

가슴 없는 말보다는
말 없는 가슴으로 기도하는 것이 더 효과적이다.

-존 버니언

부드럽게 받쳐주는
그분

• 라이너 마리아 릴케

나뭇잎이 떨어진다.

멀리서 떨어져 온다.

마치 먼 하늘의 정원이 시들고 있는 것처럼

거부의 몸짓으로 떨어지고 있다.

밤이 되면 이 무거운 지구는

모든 별로부터 떨어져 고독 속에 잠든다.

우리 모두가 떨어진다.

여기 이 손도 떨어진다.

다른 모든 것들도 떨어진다.

그렇지만 이렇게 떨어지는 모든 것을

양손으로 부드럽게 받쳐주는 그분이 계신다.

· 순수한 영혼의 신앙고백 ·

라이너 마리아 릴케의 시는 순수한 영혼의 고백이다. 릴케가 보기에 이 세상은 정상이 아니다. 망가져 있고 병들어 있다. 스스로 치유할 수 있는 힘도 없다. 떨어지는 낙엽도 병든 우주의 증표로 보일 정도다. 밤이 되면 지구는 깊은 침묵 속으로 빠져든다. 그것은 절대고독이라고 부를 만하다. 시인은 모든 것이 추락하는 절망을 경험한다. 어디에도 기쁜 소식은 없고 소망의 노래도 들리지 않는다.

그러나 시인은 절망하지 않는다. 고개를 들어 위를 본다. "이렇게 떨어지는 모든 것을 / 양손으로 부드럽게 받쳐주는 그분이 계신다"라고 노래한다.

믿음의 눈으로 보니 이 세상은 아직 지옥이 아니다. 버림받은 땅이 아니다. 광활한 우주는 무의미하지 않다. 하나님의 눈은 그의 피조물들을 여전히 성실과 자비로 바라보신다.

시인은 시를 통해 연약해진 우리들의 믿음을 일으켜 세운다. 등을

토닥이고 손을 잡아주면서 속삭인다. 어떤 상황과 처지에 있을지라도 보호자와 피난처 되시는 그분을 신뢰하라고.

나는 이제 하나님이 계심을 의심하지 않는다.
내 모든 욕망은 완전히 달라졌다.
여전히 넘어질 때가 있지만 완전히 다른 길을
걸어간다.

-헨리 마틴

솔제니친의 기도문

• 알렉산드르 솔제니친

우리 주이신 하나님.

주님과 살기란 그 얼마나 쉽습니까,

주님을 믿기란 그 얼마나 쉽습니까,

제 생각이 휩싸여 뒤흔들리고 앞이 캄캄할 때면,

가장 슬기로운 사람들도 오늘 저녁밤에는 내다보지 못하고

내일은 어떻게 해야 할지 알지를 못할 때면,

그럴 때면 주님은 뚜렷한 확신을 제게 주시곤 합니다.

주님이 거기 계시고, 모든 선의 길이 가로막히지 않도록

주님 스스로 보살피시리라는 확신을!

세속적 명예의 정상에 올라서서

저를 여기까지 이끌어온 가망 없던 저 길을 놀라면서 다시 바라봅니다.

저 같은 사람도 멀리, 사람들 가운데에,

주님의 영광을 반영할 수 있었으니,

언제까지나 그것이 그렇게 할 힘을

제게 베푸실 분 또한 주님뿐이옵니다.

그러다가 제가 더는 못하게 된다면,

그것은 다른 이들에게 이 일을 맡기신 까닭일 것입니다.

· 섭리의 하나님 ·

걸어온 길을 돌이켜보면 스스로의 힘만으로 올 수 없었음을 인정하게 된다. 우리는 누구나 다 부족하지만 하나님의 손에 붙잡힐 때 선하고 영광스럽게 쓰임받을 수 있다는 것을 이 기도문은 힘주어 말한다. '그렇게 할 힘'을 우리에게 베푸실 분은 주님뿐이라고.

뿐만 아니라 때가 되어 우리가 뒤로 물러나야 하는 시간이 올지라도, 그것이 낙망의 때는 아니라고 말한다. 하나님은 친히 자신의 일을 이루어 가신다는 믿음이 이 기도문의 메시지다.

하나님의 섭리의 과정은

명확한 판단의 안목을 갖고 있지 못한 인간적인 눈으로 보면,

그렇게 분명하게 식별되지는 않는다.

-토머스 풀러

언더우드의 기도

• H. G. 언더우드

오, 주여! 지금은 아무것도 보이지 않습니다.

주님 메마르고 가난한 땅,

나무 한 그루 시원하게 자라 오르지 못하고 있는 땅에

저희들을 옮겨와 앉히셨습니다.

그 넓고 넓은 태평양을 어떻게 건너왔는지

그 사실이 기적입니다.

주께서 붙잡아 뚝 떨어뜨려 놓으신 듯한 이곳,

지금은 아무것도 뵈지 않습니다.

보이는 것은 고집스럽게 얼룩진 어둠뿐입니다.

그들은 묶여 있는지도 고통이라는 것도 모르고 있습니다.

고통이 고통인 줄 모르는 자에게

고통을 벗겨주겠다고 하면 의심부터 하고 화부터 냅니다.

조선 남자들의 속셈이 보이질 않습니다.

이 나라 조정의 내심도 보이지 않습니다.

가마를 타고 다니는 여자들을 영영 볼 기회가 없으면 어찌하나 합니다.

조선의 마음이 보이질 않습니다.

그리고 저희가 해야 할 일이 보이지 않습니다.

그러나 주님, 순종하겠습니다.

겸손하게 순종할 때 주께서 일을 시작하시고

그 하시는 일을 우리들의 영적인 눈이 볼 수 있는 날이 있을 줄 믿나이다.

'믿음은 바라는 것들의 실상이요, 보지 못하는 것들이 증거니'라고

하신 말씀을 따라 조선의 믿음의 앞날을 볼 수 있게 될 것을 믿습니다.

지금은 우리가 황무지 위에 맨손으로 서 있는 것 같사오나

지금은 우리가 서양귀신, 양귀자라고 손가락질 받고 있사오나

저희들이 우리 영혼과 하나인 것을 깨닫고

하늘나라의 한 백성, 한 자녀임을 알고

눈물로 기뻐할 날이 있음을 믿나이다.

지금은 예배드릴 예배당도 없고 학교도 없고

그저 경계와 의심과 멸시와 천대함이 가득한 곳이지만

이곳이 머잖아 은총의 땅이 되리라는 것을 믿습니다.

주여! 오직 제 믿음을 붙잡아 주소서!

· 선교사의 애절한 간구 ·

〈언더우드의 기도〉는 선교사 언더우드가 19세기말 조선 땅에서 복음의 씨앗을 뿌린 심정을 잘 보여준다. 선교 초기에 그의 눈에는 미래가 보이지 않았다. 조선은 메마르고 가난한 땅이었다. 보이는 것은 어둠이었고, 사람들은 고통이 고통인지도 모르고 살고 있었다.

언더우드는 조선 남자들의 속마음을 읽을 수 없었고, 가마를 타고 다니는 여자들을 접하는 것도 불가능해 보였다. 무엇부터 시작해야 할지 그야말로 막막할 뿐이었다.

그러나 언더우드는 하나님께 순종을 약속했고, 주님이 펼쳐주실 미래를 기대했다. '눈물로 기뻐할 날이 있음'을 믿었다. 어두운 조선의 땅이 '은총의 땅'이 되리라는 것을 믿었다. 돌이켜보면 초기의 선교사들은 사막에서 백합화를 꽃피운 이들이다. 그들은 불타는 사랑으로 그리스도의 복음을 전했다.

그의 기도는 하나님의 계획과 섭리 가운데 30배, 60배, 100배의 결실을 거두었다. 뿐만 아니라 그는 '많은 사람을 옳은 데로 돌아오게' 하여 별과 같이 영원토록 빛나는 이가 되었다단 12:3.

복음은 벌거벗은 원수들에게 옷을 입혀 그들을 혼인 잔치에 초청하고, 그들과 결혼하는 하나님의 이야기다.

– 에드워드 T. 웰치

자비심을
구하는 기도

• 마르틴 루터

사랑의 하나님,

참된 복종을 허락하소서.

세상 것이든 영원한 것이든 모든 것을 온전히 포기하게 하소서.

중상, 모략, 판단, 정죄 같은 잔인한 악을 멀리하게 하소서.

혀로 행하는 큰 불행과 해악을 저희로부터 멀리하소서!

무고하게 헐뜯는 소리를 다른 사람에게서 들을 때

감추고 침묵하는 법을 가르치소서.

오직 아버지께만 털어놓게 하시고 모든 것을 아버지 뜻에 맡기게 하소서.

그렇게 함으로 저희에게 잘못한 사람들을

기꺼이 용서하고 사랑할 수 있게 하소서.

기꺼이 용서하고 사랑하는 삶을 추구하라

루터는 이 기도에서 진심으로 자기포기, 자기부정을 바라고 있다. 생각과 입과 행동으로 범하는 악으로부터 떠나기를 간구하고 있다. 그리고 이해하지 못할 상황 속에서도 하나님의 뜻을 물으며 살아가겠다고 결심한다. 궁극적으로 기꺼이 용서하고 사랑하는 삶을 추구한다. 너무 이상적인가? 비현실적인 기도인가?

루터의 생애를 보면 그는 범인凡人이 이루지 못할 일들을 성취했다. 하지만 그에게도 강점과 함께 약점이 있었다. 그가 기도한 대로 다 살지는 못했으리라. 누구나 그렇지 않을까. 그럼에도 불구하고 우리는 다시 기도의 자리로 나아가 두 손 모아 기도한다. 내가 누구인지 알기 위해, 하나님이 누구신지 알기 위해.

하루를 마칠 때에는 기도를 마지막으로 하나님의 품 안에서 잠들도록 하라.
-제임스 패커

저로 하여금

• 칼릴 지브란

저로 하여금

오, 저로 하여금

제 영혼을

찬란한 빛 속에 멱 감게 해 주십시오.

저로 하여금

가슴속 깊이

황혼을 호흡하고

무지개를 마실 수 있도록 허락해주십시오.

· 평생 배워야 할 일상의 기도 ·

베스트셀러 작가 앤 라모트에 따르면 세상에서 가장 많이 하는 기도 두 가지가 있다. 바로 '도와주세요. 도와주세요. 도와주세요.' '고맙습니다. 고맙습니다. 고맙습니다'이다.

그런데 칼릴 지브란의 기도시는 다르다. 시인의 투명한 영혼을 엿볼 수 있는 시다. 시인의 소원은 단순하지만 간절하다. 시인은 자신의 오염된 영혼을 바라보며 힘들어 한다. 갈등과 고통도 느낀다. 죄책의 무게감으로 내면은 무너져간다.

그의 영혼이 갈망하는 것은 단 한 가지다. 영혼이 깨끗해지기를, 영혼이 순결한 상태가 되기를 소원한다. 더 나아가 자연의 아름다움을 누리고 만끽하기를 간구한다.

사실 우리는 이런 기도를 드리는 경우가 드물다. 하나님에게 '주세요' 또는 '도와주세요' 같은 기도를 하는 경우가 훨씬 많다. 왜 우리는 이런 기도만 하는가? 우리는 "기도할게" 혹은 "기도해보자"라는 입에 발린 말들에 익숙하다.

많은 사람들이 말만 그렇게 해놓고 정작 기도하지는 않는다. 왜 그럴까? 기도해봐야 별로 달라질 것이 없다고 생각하기 때문이다. 기도의 본능은 창조 때부터 주어졌다. 우리가 하나님의 형상대로 지음 받았기 때문이다. 그런데 타락으로 인해 기도할 줄 모르는 무능함이 생겨났다.

우리는 어디서부터 기도를 배울 수 있을까? 바로 일상에서부터다. 짤막하고 단순한 기도로 하루를 시작할 수 있다. 유치하게 보이는 기도라도 좋다. 사소한 일에 감사 기도를 드리면서 '일상 기도'를 배울 수 있다.

일상 기도는 1년 만에 이루어내는 일이 아니라 평생의 여정이다.

-폴 밀러

주님이시여!
주님이시여!

• 마르틴 루터

주님이시여 들어주옵소서

빈 그릇은 채워져야 하옵니다.

나의 주님이시여 채워주옵소서

주여 나는 믿음이 약합니다.

나를 강하게 하옵소서

나를 따뜻하게 하시고

내 이웃에 나아갈 수 있도록

나의 사랑을 강렬하게 인도하여 주소서

나는 강하고 확실한 신앙이 없습니다.

번번이 나는 불신하고

주님과 함께하는 신뢰를 이룰 수가 없나이다.

주님이시여 도우소서

주님께 두는 내 믿음과 신뢰를 강하게 하옵소서

내 지난 모든 재보를 주님께 바쳤습니다.

나는 미천합니다.

주님은 풍요하시며

가난한 자에게 행운을 주시옵소서.

나는 죄인입니다

주님은 정직합니다.

주님의 정의가 가득할 뿐입니다.

그리하여 나는 은혜 받을 수 있는

주님의 몸에 남아 있사옵니다.

나를 아무에게도 주지 마옵소서

오직 주와 함께 있게 하시옵소서

간구와 경배가 조화를 이루는 기도

팀 켈러는 그의 명저 《기도》에서 이렇게 말했다.

"어떤 기도는 경배이고, 어떤 것은 회개이며, 어떤 것은 찬양이다. 예를 들어 시편은 시로 표현된 일련의 기도들이다."

이것은 그가 시편의 내용들을 살펴본 결론이다. 그는 묻는다. 기도란 만남인가, 간구인가? 시편에는 분명히 간구가 있다. 동시에 하나님을 경배하며 교제하는 기도들도 보여준다. 시편 10편은 하나님을 향한 도발적인 질문으로 시작한다.

"여호와여, 어찌하여 멀리 서시며 어찌하여 환난 때에 숨으시나이까?"

그러고는 돌연히 부르짖는다.

"여호와여 일어나옵소서. 하나님이여 손을 드옵소서. 가난한 자들을 잊지 마옵소서(시 10:12)."

팀 켈러의 결론은 이렇다.

"조금만 꼼꼼히 살펴보면 두 종류의 기도가 상반되지 않으며 별도의 범주도 아님을 금방 알 수 있다. 하나님을 향한 경배는 간구로 가득 차기 마련이다."

시편에서 하나님을 찬양한다는 건 "이름이 거룩히 여김을 받으시길" 기도한다는 의미다. 또한 세상에 주님의 영광을 나타내 보이셔서, 온 땅이 그분을 하나님으로 높이게 해주시길 요청한다는 말이기도 하다. 경배가 간구를 포함하듯, 하나님 나라를 구하는 기도 또한 주님을 알고자 하는 간구를 아우른다는 것이다.

루터는 자신이 '빈 그릇'이라고 고백한다. 이 고백이 그의 기도의 출발선이다. 노르웨이 신학자 할레스비Ole Hallesby, 1879~1961는 기도는 무력감에서 시작된다고 말했다. 그렇다. 기도의 한 면은 내 밖에서 그리고 내 위에서 구원과 도움이 임하기를 구하는 것이다.

루터는 진실하시고 정의로우신 하나님을 신뢰한다. 그의 기도는 간구와 경배가 조화를 이루고 있다. 아우구스티누스나 마르틴 루터, 장 칼뱅 같은 지난 시대의 위대한 작가들이 쓴 기도 관련 서적들을 살펴보면, 어느 한쪽으로 완전히 치우치는 경우가 없다.

하나님 앞에서 우리는 어쩔 수 없이 스스로를 새롭고도 특별한 시각으로 바라보게 된다. 기도란 하나님과 나누는 대화인 동시에 만남이다. 평생 배워도 다 배울 수 없는 것이 기도의 신비가 아니겠는가.

놀라운 것은 하나님이 우리의 모든 기도에 귀를 기울이신다는 것이다. 모든 기도는 하나님의 결재 서류에 계속 놓여진다.

내가 해야 할 일은

하나님께 넘쳐날 정도로 간구하고 나서

그분의 응답을 받아들이는 신뢰를

그분께 드리는 것이다.

-필립 얀시

평온의 기도

• 라인홀드 니부어

하나님,
제가 바꿀 수 없는 것들을
받아들일 수 있는 평온함을 주시고,
제가 바꿀 수 있는 것들을
변화시킬 수 있는 용기를 주시며,
그리고 그 둘을 구별할 수 있는 지혜를 내려주소서.

하루하루를 살게 하시고
순간순간을 누리게 하시며
고난을 평화에 이르는 길로 받아들이게 하시고
죄로 물든 세상을 제 방식이 아닌
그분처럼 있는 그대로 받아들이게 하시고
당신께서 모든 것을 바로 세우실 것을 믿게 하셔서
이곳에 사는 동안 사리에 맞는 행복을,

그리고 저곳에서 당신과 더불어

영원토록 온전한 행복을

누리게 하소서.

· 올바른 기도의 지혜 ·

이 기도는 일종의 '내려놓음'의 기도다. 영성 작가인 잔느 귀용Jeanne Guyon은 기도에서 '내려놓음'이 필요하다고 말한다. 기도 생활의 중심은 바로 자신을 내려놓는 일이다. 귀용에 따르면 큰 믿음이란 바로 자신을 얼마만큼 내려놓느냐에 달렸다. 하나님이 이끄시는 대로 모든 걸 맡기고 모든 근심을 떨쳐버리는 것이 진정한 내려놓음이다.

종교개혁자 마르틴 루터는 "옷을 만드는 것은 재단사의 일이듯, 구두를 고치는 것은 구두 수선공의 일이듯, 기도하는 것은 그리스도인의 일이다"라고 했다. 우리가 드리는 기도의 목적은 하나님의 뜻을 발견하여 그것을 우리의 기도 제목으로 삼는 것이다. 니부어의 '평온의 기도'는 우리에게 올바른 기도의 지혜를 전해준다.

기도한다는 것은 기꺼이 순진무구해진다는 것을 뜻한다.

-에밀리 그리핀

암브로시우스의 찬송

• 암브로시우스

만물을 지으신 지극히 높으신 하나님,
별이 반짝이는 하늘의 크신 통치자.
아름다운 빛으로 낮을 입히시고,
포근한 휴식으로 밤을 입히시네.

피곤한 수족이 힘을 얻게 잠재우고,
한 번 더 수고하고 사용할 수 있게 하네.
괴로움에 시달린 가슴을 부드럽게 위로하고,
우리의 불안한 근심을 가라앉혀 쉬게 하네.

우리는 지나간 날에 대해 감사드리고,
다가오는 밤을 위해 기도하네.
우리가 찬양의 노래를 당신께 올릴 때
오, 우리 죄인들을 도우소서.

모든 육신의 정욕에서 벗어나
우리의 마음이 당신 안에서 쉬게 하소서!
시기하는 악마가 악한 유혹으로
우리의 안식을 죄악된 공포에게 나누어 주지 못하게 하소서.

영원히 성부와 함께 계시는 성자여,
성부와 성자와 함께 계시는 성령이여,
만유 위에 계신 하나님, 능력의 통치자,
우리가 기도하오니 위대한 삼위 하나님이여 우리를 보호하소서.

이 찬송시는 초대교회의 신앙 고백을 반영하고 있다. 먼저 창조주 하나님을 향해 '하늘의 크신 통치자'라고 고백한다. 그분은 아름다운 빛으로 낮을 입히시고, 포근한 휴식으로 밤을 입히시는 분이다. 그분의 피조물인 사람들은 하나님의 은총으로 잠자리에 든다. 하나님은 '피곤한 수족'이 힘을 얻게 잠재우신다. 또한 괴로움에 시달린 가슴을 부드럽게 위로하신다.

하루를 닫으며 감사하고 기도하고 찬양을 올리지만, 여전히 고백하는 것은 우리가 하나님의 자비 없이 살 수 없는 죄인이라는 사실이다. 이 찬양시는 우리 마음이 하나님 안에서만 진정으로 안식할 수 있다고 말한다. 이 고백은 아우구스티누스의 《고백록》을 통해서도 지금까지 동일하게 울려퍼진다.

"주님은 주님을 위해 저희를 지으셨습니다. 그렇기 때문에 주님께 돌아가 쉬기까지 저희는 참된 안식을 누릴 수 없습니다."

하나님은 자기를 주심으로 자연스럽게 자신의
생명과 선하심을 내보내신다.
그러므로 하나님은 모든 선한 것의 원천이시다.
―마이클 리브스

CHAPTER 03.
가정을 위한 시에서 만난 하나님

✳

그 나라로
들어가는 문

• 토머스 켄

하나님 아버지, 우리 집 문을 넓혀 주사
인간의 사랑과 교제를 원하는 모든 사람을 영접하게 하소서

하나님 아버지, 우리 집 문을 좁혀 주사
탐심과 교만과 다툼이 들어오지 못하게 하소서

하나님 아버지, 우리 집 문지방을 낮추사
어린아이나 비틀거리는 삶이 걸려 넘어지지 않게 하소서
또한 거칠고 강한 문지방도 되게 하사
유혹하는 자들이 들어올 수 없게 하소서

하나님 아버지, 우리 집 문이
영원한 당신의 나라로 들어가는 문이 되게 하소서

· 가정은 지상의 작은 천국 ·

인도 속담에 "한 가족이 화목하여 한 마음 한뜻이 되면 문 앞의 돌도 황금으로 변한다"는 말이 있다. 노벨상 수상 작가 펄벅은 "가정은 나의 대지이다. 나는 거기서 나의 정신적인 영양을 섭취하고 있다"라고 말했다.

이 시는 가정의 소중함을 일깨워준다. 가정은 우선 오픈 홈open home이어야 한다. 역설의 묘미가 신선한 이 시는 가정이 하나님 나라의 백성이 자라는 곳임을 암시한다. 그래서 가정이 "영원한 당신의 나라로 들어가는 문"이 되게 해달라고 간구한다. 일찍이 종교개혁자 마르틴 루터는 가정이 그리스도인의 인격을 훈련시키기 위해 하나님께서 규정해놓으신 장소라고 했다.

부모는 하나님의 대리자로서 자녀를 훈육하고 또한 모범을 보여주는 코치요 멘토다. 가정이 건강해야 교회와 사회도 건강한 공동체가

될 수 있다. 인간은 자기가 갖고 싶은 것을 찾아서 세상을 방황하다가,
결국엔 가정에 돌아와 그것을 발견한다는 것을 잊지 말아야 한다.

그리스도인의 가정은 안전한 휴식처요,

기본을 습득하는 학교이며,

하나님이 공경 받는 교회이며,

정과 기쁨이 오가는 처소다.

-빌리 그레이엄

내가 만일
아이를 다시 키운다면

• 다이애나 루먼스

만일 내가 다시 아이를 키운다면
먼저 아이의 자존심을 세워주고
집은 나중에 세우리라

아이와 함께 손가락 그림을 더 많이 그리고
손가락으로 명령하는 일은 덜 하리라

아이를 바로 잡으려고 덜 노력하고
아이와 하나가 되려고 더 많이 노력하리라
시계에서 눈을 떼고 눈으로 아이를 더 많이 바라보리라

만일 내가 다시 아이를 키운다면
더 많이 아는데 관심 갖지 않고
더 많이 관심 갖는 법을 배우리라

자전거도 더 많이 타고
연도 더 많이 날리리라

들판을 더 많이 뛰어다니고
별들을 더 오래 바라보리라

더 많이 껴안고 더 적게 다투리라
도토리 속의 떡갈나무를 더 자주 보리라
덜 단호하고 더 많이 긍정하리라

함께 성장하는 마음으로 아이를 키운다면

많은 이들이 자녀를 양육하면서 깨닫는다. 아이들을 키우면서 부모도 함께 성장한다는 것을. 양육은 부모의 삶에 변화를 가져온다. 자녀가 삶에 나타나는 순간, 부모는 자신들에게 온전히 의존하는 생명을 책임지는 존재가 된다. 종교개혁자 마르틴 루터는 이렇게 말했다.

"아버지가 솔선하여 자기 아이를 위해 기저귀를 빨거나 다른 하찮은 일을 수행하면, 누군가 그를 사내답지 못한 바보라고 비웃는다. 그러나 하나님은 모든 천사와 피조물과 함께 미소를 짓는데, 그것은 아버지가 기저귀를 빨기 때문이 아니라 그 일을 믿음으로 하고 있기 때문이다."

시인은 "내가 만일 아이를 다시 키운다면"이라는 가정법으로 이 땅의 부모들에게 지혜로운 자녀 양육법을 전한다. 아이를 믿어주고 자연

을 가까이 하고, 눈높이에서 대화하고, 또한 더 많이 껴안고, 더 많이 긍
정하라고 권한다.

　말처럼 쉬운 일은 아니다. 그럼에도 불구하고 부모와 자녀들이 함께
성장하는 마음으로 아이를 키운다면, 아낌없이 주시는 하나님의 선물
에 놀라게 될 것이다.

**부모에게는 자신의 자녀들에게 이기심에 굴복하지 않고,
너그러움의 숙달을 배우도록 가르쳐야 하는 거룩한 임무가 주어졌다.**
-엘리자베스 엘리엇

부모의 기도

• 에비게일 밴 뷰렌

오 주여! 나로 하여금 보다 훌륭한 부모가 되게 하소서.
자녀를 사랑하고 자녀들이 하는 말을 끈기 있게 들어주며,
자녀들의 괴로운 문제들을 사랑으로 이해할 줄 아는
부모가 되게 하소서.

지나친 간섭을 삼가고, 자녀와의 말다툼을 피하며,
모순된 행동으로 자녀를 실망시키지 않게 하소서.
부모에게 예의 바른 자녀가 되기를 바라는 것 같이
우리도 자녀에게 잘못했음을 깨달을 때는
용감하게 자신의 허물을 고백하며
용서를 구할 수 있는 부모가 되게 하소서.

부질없는 일로 자녀의 마음에 상처를 입히지 않게 하소서.
자녀의 실수를 보고 웃거나 또는 벌을 줌으로써 자녀로 하여금

수치감과 모욕감을 느끼지 않도록 하게 하소서.
우리의 자녀들이 거짓말을 안 하고
남의 물건을 탐내지 않는 깨끗한 삶이 될 수 있도록 돕게 하소서.
시간마다 나를 인도하시어 나의 말과 행동으로 본을 보임으로써
정직하게 사는 것이 행복의 비결임을 분명히 보여주게 하소서.

부모로서의 권위를 세우기 위하여 자녀를 책망하지 않게 하소서.
자녀들이 바라는 것이 옳은 것이라면 모두 다 허락하면서도
만약 그것이 자녀들에게 해가 되는 것이라면
끝까지 거절할 수 있는 용기를 주소서.

어느 한편으로 치우치지 않고 항상 공정하고, 생각이 깊고,
사랑이 넘치는 부모가 되게 하시어
자녀들로부터 진심으로 존경받는 부모가 되게 하소서.

자녀들로부터 사랑 받고, 자녀들이 진정으로 닮기 원하는
부모다운 부모가 될 수 있도록 깨우쳐 주소서.
오, 주여! 바라옵나니 안정과 균형을 잃지 않고
스스로를 다스릴 수 있는 부모가 되게 하소서

· 부모다운 부모 ·

에비게일은 미국의 '상담 칼럼니스트advice columnist'와 '라디오 쇼호스트
radio showhost'였다. 37세의 가정주부로 1956년 한 잡지에 칼럼을 연재하
면서 유명해졌고, 40년 이상 칼럼을 썼다. 그녀는 한 주에 9천 통이나
되는 상담 편지를 받기도 했는데, 그녀의 조언은 때로는 익살스럽고 냉
혹했지만 근본적으로 공감을 바탕에 깔고 있었다.

에비게일이 남긴 이 시에는 인생 상담 전문가로서의 따뜻하고 자상
한 조언이 가득하다. 훌륭한 부모가 되려면 '자녀들이 하는 말을 끈기
있게' 들어주어야 한다. '자녀들의 괴로운 문제들을 사랑으로 이해할 줄
아는 부모'가 되어야 한다.

최고의 부모는 누구인가? 이 시에 의하면 '자녀들이 진정으로 닮기
원하는 / 부모다운 부모'이다. 안정과 균형을 잃지 않고 스스로를 다스
릴 수 있는 부모, 이것이 모든 부모의 이상이 아닐까.

훌륭한 부모의 슬하에 있으면 사랑에 넘치는 체험을 얻을 수 있다.
그것은 먼 훗날 노년이 되더라도 없어지지 않는다.

- 루드비히 베토벤

아버지의 기도

• 더글러스 맥아더

주여! 내게 이런 자녀를 주옵소서.

약할 때에 자기를 돌아볼 줄 아는 여유와

두려울 때 자신을 잃지 않는 대담성을 가지고

정직한 패배에 부끄러워하지 아니하고

승리에 겸손하고 온유한 자녀를 저에게 주옵소서

생각해야 할 때에 고집하지 말게 하시고

주를 알고 자신을 아는 것이

지식의 기초임을 아는 자녀를 저에게 허락하옵소서

원하옵나니

그를 평탄하고 안이한 자로 인도하지 마옵시고

고난과 도전에 직면하여 분투 항거할 줄 알도록 인도하여 주옵소서

그리하여 폭풍우 속에서 용감히 싸울 줄 알고

패자를 관용할 줄 알도록 가르쳐 주옵소서.

그 마음이 깨끗하고 그 목표가 높은 자녀를,

남을 정복하려고 하기 전에 먼저 자신을 다스릴 줄 아는 자녀를,

장래를 바라봄과 동시에 지난날을 잊지 않는 자녀를 저에게 주옵소서

이런 것들을 허락하신 다음

이에 대하여

제 아들에게 유머를 알게 하시고

생을 엄숙하게 살아감과 동시에 생을 즐길 줄 알게 하옵소서

자기 자신에 지나치게 집착하지 말게 하시고

겸허한 마음을 갖게 하시어

참된 위대성은 소박함에 있음을 알게 하시고

참된 지혜는 열린 마음에 있으며

참된 힘은 온유함에 있음을 명심하게 하옵소서.

그리하여 나 아버지는 어느 날

내 인생을 헛되이 살지 않았노라고

고백할 수 있도록 도와주시옵소서.

・ 기도하는 아버지로 살기 ・

〈아버지의 기도〉는 바로 인천 상륙 작전을 성공시킨 맥아더 장군의 기도문이다. 그는 기도에서 '겸허한 마음' '소박함' '열린 마음' 그리고 '온유함'을 언급한다. 요약하면 '섬기는 리더십'의 진수를 열거하고 있다. 맥아더 장군은 위대한 군인이기에 앞서 독실한 신앙인이며 기도의 사람이었다.

그는 말하기를 "훗날 아들이 전쟁터의 아버지가 아닌, 아들과 함께 하늘에 계신 하나님 아버지께 기도하던 아버지로 기억해주길 바란다"라고 할 정도로 아름다운 기도의 추억을 간직한 사람이다. 맥아더에게는 그를 위해 기도하는 사람들이 있었고, 그 또한 기도의 사람, 기도하는 아버지였다.

아버지 한 사람이 백 명의 학교 스승보다 낫다.

-조지 허버트

어머니의 기도

• 캐리 마이어스

아이들을 이해하고
아이들의 말을 끝까지 들어주고
묻는 말에 일일이 친절하게
대답할 수 있도록 도와주소서.

면박을 주는 일 없도록 도와주소서.
아이들이 우리를 공손히 대해주기를 바라듯
우리가 잘못했다고 느꼈을 때
아이들에게 잘못을 말하고
용서를 빌 수 있는 용기를 주소서.

아이들의 잘못에 대해
비웃거나 창피를 주거나 놀리지 않게 하여 주소서.
우리들 마음속에 비열함을 없애주시고

아이들에게 잔소리를 하지 않게 하여 주옵소서.

· 어머니의 기도는 힘이 세다 ·

어린 시절을 돌이켜보면 생각나는 몇 장면이 있다. 그 가운데 하나는 어려운 시절 구걸하는 사람이 오면 어머니가 늘 도움의 손길을 거두지 않으셨다는 것이다. 결혼 전부터 교회에 다니셨지만 어머니는 탁발승이 왔을 때도 친절하게 대하신 모습이 기억난다. 가정 경제가 어려울 때도 어머니는 그 시절을 묵묵히 돌파하셨다. 그 시절 모든 어머니가 그러셨듯이.

시인은 어머니로서 자녀를 양육하는 데 필요한 덕목과 지혜를 달라고 기도한다. 경청의 기다림, 겸손의 용기, 그리고 조언의 지혜가 필요하기에. 부모도 모르는 것이 있으므로 모르는 것은 모른다고 솔직히 말해야 한다. 아이는 부모를 만물박사로 생각하지 않는다. 부모의 솔직한 답변은 아이에게 정직한 입을 가르친다.

그리고 부모는 아이를 믿어야 한다. '정말이니?'를 반복해 물으면 아이는 자신에 대한 부모의 불신을 느끼고, 이것이 되풀이되면 자기 스스로를 불신하게 된다. 또 부모는 자녀에게 겸손을 가르쳐야 한다. 겸손을 갖추지 않은 탁월함은 적을 만들기 때문이다.

빅토르 위고는 "어떤 마귀라도 기도하는 어머니에게서 자녀를 빼앗지 못한다"라고 말하기도 했다. 그렇다. 시인처럼 기도하는 어머니가 있는 한 우리는 다음 세대에 소망을 둘 수 있을 것이다.

내가 배웠던 가장 위대한 교훈은 어머니 무릎에서 배운 것이다.

-에이브러햄 링컨

엄마가 아들에게

• 랭스턴 휴스

아들아, 난 너에게 말하고 싶다
인생은 내게 수정으로 된 계단이 아니었다는 걸

계단에는 못도 떨어져 있었고
가시도 있었다
그리고
판자에는 구멍도 났지
바닥엔 양탄자도 깔려있지 않았다
맨바닥이었어

그러나
난 지금까지 멈추지 않고 계단을 올라왔다.
층계참에도 도달하고
모퉁이도 돌고

때로는 전깃불도 없는 캄캄한 곳까지 올라갔지

그러니 아들아, 너는 돌아서지 말아라
계단 위에 주저앉지 말아라
왜냐하면
넌 지금 잠깐 힘든 것뿐이니까
너도 곧 그걸 알게 될 테니까

지금 주저앉으면 안 된다
왜냐하면 애야,
나도 아직 그 계단을 올라가고 있으니까
난 아직도 오르고 있다

그리고 인생은 내게
수정으로 된 계단이 아니었지

힘들어도 멈추지 않기를 바라는 어머니의 마음

이 시는 엄마의 입장에서 아들에게 전하는 잠언적 시이다. 마치 아이와 눈높이를 맞추고 한마디 한마디 들려주듯이 자신이 배운 인생의 교훈을 '시'라는 그릇에 담아 전하고 있다.

자녀를 향한 모든 부모의 마음은 비슷할 것이다. 자녀에게 '수정으로 된 계단'이 기다리고 있다고 말할 수 있는 부모가 얼마나 있겠는가. 시인은 아들에게 힘들다고 돌아서지 말라고, 계단 위에 주저앉지 말라고 부탁한다. 그리고 자신이 아직도 그 계단을 올라가고 있다고 말한다.

하나님은 부모에게 자녀를 맡겨주셨다. 따라서 부모는 자녀를 소유물로 여기지 말아야 한다. 어버이들은 자녀의 마음에 상처를 입히지 말고, 주의 교훈과 훈계로 양육할 책임이 있다엡 6:4.

어머니의 사랑은 최선의 사랑이다.
하나님의 사랑은 최고의 사랑이다.

-독일 격언

CHAPTER 04.

고난의 시에서 만난 하나님

가난한 자의
아들이여!

• 제임스 러셀 로우엘

가난하다고 스스로 멸시하고 비웃지 말라.

가난으로써 그대가 상속받은 재산이 있다.

튼튼한 수족과 굳센 마음,

무슨 일이고 꺼리지 않고 할 수 있는 힘.

가난하기 때문에 그대에게 참을성이 있고,

작은 것도 고맙게 생각하는 마음이 있다.

가난하기 때문에 우정이 두텁고

곤란당한 사람을 도울 줄 아는 상냥한 마음씨,

이것들은 그대의 재산이다.

이러한 재산은 임금님도 상속하고 싶어 할 것이다.

이러한 것들은 그대가 가난하기 때문에 얻은 고귀한 재산임을 알라.

• 가난이 선물한 덕목 •

누군가의 말처럼 가난은 수치가 아니다. 그렇지만 가난은 몹시 불편하다. 유대 격언은 "가난은 수치가 아니다. 그러나 명예라고는 생각하지 말라"고 충고한다. 톨스토이는 "가난의 고통을 없애는 방법은 두 가지다. 자기 재산을 늘리는 것과 자신의 욕망을 줄이는 것이다. 전자는 우리의 힘으로 해결되지 않지만, 후자는 언제나 우리의 마음가짐으로 가능하다"라고 말한다.

노예폐지론자였던 시인은 탁월한 서정시를 많이 남겼는데, 이 시에서 그는 가난한 이들에게 자존감을 일깨우고 있다. 그리고 가난을 통해 갖게 되는 덕목들을 상기시킨다. "굳센 마음과 무슨 일이고 꺼리지 않고 할 수 있는 힘" "가난하기 때문에 참을성이 있고 작은 것도 고맙게 생각하는 마음" "가난하기 때문에 우정이 두텁고 곤란당한 사람을 도울 줄 아는 상냥한 마음씨"가 그것이다. 이것들이 그 무엇과도 비교할 수 없는 고귀한 재산이라고 알려준다.

영성 작가 바실레아 슐링크M. Basilea Schlink 또한 "예수님은 우리를 위해서 가난하게 되셔서 자신의 가난함을 통해 우리를 부유하게 하셨다" "네 가난함으로 인해 하나님으로부터 받는 축복으로, 다른 많은 사람들의 삶을 부요하게 만들 것이다"라고 말한다. 우리가 예수 그리스도를 알아가는 최고의 방법은 가난한 이들과 함께하는 것이다.

우리는 가난을 예찬하지는 않는다.
다만 가난에 굴하지 않는 사람을 예찬할 뿐이다.

-톨스토이

거지

● 루르게네프

거리를 걷고 있노라니
늙어빠진 거지 하나가
나의 발길을 멈추게 한다.

눈물어린 충혈된 눈, 파리한 입술,
다 헤진 누더기 옷,
더러운 상처
오, 가난은 어쩌면 이다지도 처참히
이 불행한 인간을 갉아먹는 것일까!

그는 빨갛게 부푼 더러운 손을 나에게 내밀었다.
그는 신음하듯 중얼거리듯 동냥을 청한다.

나는 호주머니란 호주머니는 모조리 뒤지기 시작했다.

지갑도 없다. 시계도 없다. 손수건마저 없다.

나는 아무것도 가진 것이 없었다.

그러나 거지는 기다리고 있다.

나에게 내민 그 손은

힘없이 흔들리며 떨리고 있다.

당황한 나머지 어쩔 줄을 몰라,

나는 힘없이 떨고 있는

그 더러운 손을 덥석 움켜잡았다.

"용서하시오, 형제, 아무것도 가진 게 없구려"

거지는 충혈된 두 눈으로 물끄러미 나를 바라보았다

그의 파리한 두 입술에 가느다란 미소가 스쳤다.

그리고 그는 자기대로 나의 싸늘한 손가락을 꼭 잡아주었다.

"괜찮습니다, 형제여" 하고 속삭였다.

"그것만으로도 고맙습니다. 그것도 역시 적선이니까요"

나는 깨달았다.

나도 이 형제에게서 적선을 받았다는 것을.

• 사랑은 사람을 치료한다 •

사랑은 어렵다. 사랑은 최고의 덕목이지만 실천은 그만큼 쉽지 않다. 우리들은 고난과 어려움 가운데 있는 이에게 긍휼과 자비의 눈길을 줄 여유 없이 살아간다.

사랑은 여러 가지 차원에서 그 모습을 드러낸다. 그중 하나가 '환대 hospitality'이다. 그것은 아가페agape로 알려진 조건 없는 사랑의 한 면이기도 하다. 시인은 길을 가다가 나이 많은 걸인을 만난다. 가난이 처참하게 갉아먹은 인생을 보며 그는 큰 비애를 느끼지만 떨리는 손을 내민 그 노인에게 아무것도 줄 것이 없다. 이때 놀라운 일이 일어난다. 시인의 마음을 읽은 노인은 따뜻한 사랑의 체온을 느꼈고 다시 되갚아준다.

하나님이 우리에게 주신 사랑은 본능적인 충동이 아니다. 그 순수한 사랑은 우리의 이기심과 소유욕, 그리고 우리의 분노와 두려움을 넘어선다. 그 사랑은 감정 그 이상의 것이다. 사랑은 머리가 아니라 가슴이 시켜서 하는 행동이다.

사랑은 사람을 치료한다.
사랑을 주는 사람과 받는 사람 양쪽 모두를.

-칼 메닝거

고난기에 사는
친구들에게

• 헤르만 헤세

사랑하는 벗들이여, 암담한 시기이지만

나의 말을 들어 주어라

인생이 기쁘든 슬프든, 나는

인생을 탓하지 않을 것이다.

햇빛과 폭풍우는

같은 하늘의 다른 표정에 불과한 것

운명은, 즐겁든 괴롭든

훌륭한 나의 식량으로 쓰여져야 한다.

굽이진 오솔길을 영혼은 걷는다.

그의 말을 읽는 것을 배우라!

오늘 괴로움인 것을, 그는

내일이면 은총이라고 찬양한다.

어설픈 것만이 죽어간다.
다른 것들에게는 신성(神性)을 가르쳐야지.
낮은 곳에서나 높은 곳에서나
영혼이 깃든 마음을 기르는

그 최후의 단계에 다다르면, 비로소
우리들은 자신에게 휴식을 줄 수 있으리.
거기서 우리들은 님의 목소리를 들으며
하늘을 우러러 볼 수 있을 것이리라.

• 그리스도인에게 고난이란 •

사람은 누구에게나 장애가 있고 고난이 있으며 콤플렉스가 있다. 사람의 성장은 그런 어려움들을 이겨내고 풍요로운 정신을 만들어내는 과정이다. 고난을 극복하고자 하는 사람에게 고난은 이미 고난이 아니다. 아놀드 토인비Arnold Joseph Toynbee에 따르면 사람은 고난을 당할 때 네 가지로 반응한다. 과거로 돌아가거나, 미래에 대한 공상에 빠지거나, 몸을 움츠리고 누군가 도와주기를 기다리거나, 위기에 맞서 위기를 유용한 것으로 바꾸는 것이다.

여성 신학자 마르바 던Marva Dawn은 한쪽 눈을 실명했고 두 다리가 불편했다. 홍역 바이러스 때문에 수십 년간 당뇨로 고생했고, 신장 이식 후 하루 11번 약을 먹어야 하며, 극심한 저혈압에 시달렸다. 그는 저서 《의미 없는 고난은 없다》에서 고난에 관한 질문을 바꾸어보라고 말한다. "왜 나에게?Why Me?"라는 물음 대신 "하나님이 이 속에서 하고 계신 일은 무엇인가?""내가 조금이나마 삼위일체 하나님의 은혜를 볼 곳은 어디인가?"라는 질문을 던져보라는 것이다. 결코 쉽지 않은 질문이다.

　역사와 경험 그리고 성서는 고난 속에서 사람은 성장한다고 말한다. 그리스도인에게 있어서 고난은 소멸시키는 불이 아니라 연단하는 불이다.

우리의 최고선이 그리스도의 고난을 통해 오듯이, 하나님이 성도들로부터 받는 최고의 영광은 성도들의 고난을 통해 온다.

　　　　　　　　　　　　　　-토머스 브룩스

내가 인생을
다시 산다면

• 나딘 스레어

내가 인생을 다시 산다면

이번에는 더 많은 실수를 저지르리라.

긴장을 풀고 몸을 부드럽게 하리라.

그리고 좀 더 바보가 되리라.

되도록 모든 일을 심각하게 생각지 않으며

보다 많은 기회를 놓치지 않으리라.

더 자주 여행을 다니고

더 자주 노을을 보리라.

산도 가고 강에서 수영을 즐기리라

아이스크림도 많이 먹고 콩 요리는 덜 먹으리라.

실제 고통은 많이 겪어도

고통을 상상하지는 않으리라.

보라, 나는 매 순간을, 매일을
좀 더 뜻 깊고 사려 깊게 사는 사람이 되리라.
아, 나는 이미 많은 순간들을 마주했으나
인생을 다시 시작한다면 그런 순간들을 많이 가지리라.
그리고 순간을 살되
쓸데없이 시간을 보내지 않으리라.
먼 나날만 바라보는 대신
이 순간을 즐기며 살아가리라.

지금까지 난 체온계와 보온물병, 비옷, 우산 없이는
어느 곳에도 못 가는 사람이었다.
이제 내가 인생을 다시 산다면
보다 간소한 차림으로 여행길을 나서리라.

내가 인생을 다시 시작한다면
이른 봄부터 늦가을까지
신발을 벗어던지고 맨발로 지내리라.
춤도 자주 추리라.
회전목마도 자주 타리라.
데이지 꽃도 더 많이 보리라.

· 예수님처럼 풍요로운 삶 ·

시인은 관조의 시선으로 삶을 바라본다. 우선 시인은 안달하고 불안해하고 초조해하던 날들을 떠올린다. 숨가쁘게 달리기도 했고, 큰 고통 가운데 주저앉을 때도 있었다. 새로운 일을 시작할 때 실수 없이 만반의 준비를 하느라 일을 시작하기도 전에 지쳐버린 경우도 있었다. 이제 지난날을 저 너머 마을을 바라보듯이 회상하면서, "내가 인생을 다시 산다면 / 이번에는 더 많은 실수를 저지르리라./ 긴장을 풀고 몸을 부드럽게 하리라"라고 말한다. 너무 심각해지는 것도 피하고, 많은 기회를 붙잡아야겠다고 결심한다.

복음서를 보면 예수님은 바람에 흔들리는 들판의 백합을 바라보셨고, 먹고 마시는 것을 즐긴다고 비난을 받은 별난 분이기도 했다. 또 매혹적인 이야기꾼이기도 했고, 종종 유머러스했으며 유쾌하기도 했다. 그분은 사명을 가진 자로, 동시에 시인의 마음을 품고 행복하게 사셨다.

시인의 소박한 소망을 담은 이 시는 예수님처럼 사는 진정으로 풍요로운 삶이 무엇인지 생각하도록 이끈다.

성공과 실패는 단 한 번의 게임으로 결정되는 것이 아니다.

-조던 B. 피터슨

내가 커가며

• 랭스턴 휴스

그것은 옛날 옛적의 일

나는 내 꿈을 거의 잊어버렸지만

그때에는 내 꿈이

내 앞에 있는 듯했어

태양처럼 환하게 빛나던 나의 꿈

그리고 장벽이 솟아올랐어.

천천히

천천히 솟아올랐지

장벽

그림자

나는 흑인이야

나는 그림자 아래 누워있어

내 꿈에서 빛나던 빛은 더 이상 내 앞에도

내 위에도 없어

오직 두터운 장벽뿐

오직 그림자뿐

나의 두 손!

검은 나의 두 손으로

장벽을 무너뜨리리라!

내 꿈을 찾으리라

이 어둠을 걷어치울 수 있게

이 밤을 날려버릴 수 있게

이 그림자를 부술 수 있게 도우소서

천개의 태양빛 속으로

태양의 천개의 소용돌이치는 꿈속으로!

*랭스턴 휴스(1902-1967)는 인종차별에 저항하는 시를 많이 쓴 미국의 시인이다.

· 우리 마음속의 장벽 ·

"제 마음속에 있는 하나의 선을 봅니다. 그 선 너머에는 푸른 초원과 사랑스러운 꽃들, 그리고 저를 향해 팔 뻗고 있는 아름다운 백인 여성들이 있습니다. 하지만 저는 어떻게 해도 그 선을 넘어갈 수 있는 방법을 모르고, 그 선을 넘을 수가 없습니다."

여성 노예해방 운동가 해리엇 터브먼의 말이다.

미국 사회에서 인종차별은 여전히 남아 있다. 현재 대학생인 아들이 고등학교 시절 미국 사회를 경험한 적이 있다. 누가 시킨 것도 아닌데 백인 학생들은 주로 백인 친구들과 합석하고, 유색 인종 학생들은 유색 인종 학생들끼리 모여서 밥을 먹었다고 한다. 물론 학교마다 전통이나 분위기가 다르겠지만, 아들은 '은밀한' 인종차별을 경험했다. 대학 친구

중에 한 자매는 오래전 콩고 출신의 유학생과 결혼했다. 결혼식 날 신부 가족은 어머니 한 분만 참석했고, 그날 결혼식은 마치 선교사 파송예배와 같았다고 한다.

　미국인을 자주 접하며 성장한 우리 아이들도 처음엔 흑인 청년에게 선뜻 다가가지 못했다. 그러나 곧 잘 적응하고 어울렸다. 이제 우리에게 다문화 환경은 자연스럽다. 인종이나 피부색으로 사람을 판단하는 관점에서 벗어나기 위한 노력이 필요하다. 쉽지 않겠지만 마음속에 있는 나만의 장벽을 하나씩 제거해보면 어떨까.

여러분이 편견을 갖는 것이 아니다.
편견이 여러분을 취하고 통제하는 것이다.
　　　　　　　　　-마틴 로이드 존스

내 안에
내가 찾던 것 있었네

• 수전 폴리츠

모두들 행복을 찾는다고
온 세상 헤매고 있지

하지만 새로운 도전이란
잠시 혼란스럽고 불행하게 마련
마침내 지친 그들은
자기 안으로 돌아오지

아, 바로 내 안에
내가 찾던 것 있었네

행복이란
참다운 나를
사랑하는 이와 나눌 줄 아는 것

156

한 선교단체에서 다양한 전도지를 만든 후 가장 반응이 좋은 전도지를 알아본 적이 있다. 그 조사를 한 분이 말하기를 '행복'을 주제로 한 전도지에 가장 많은 반응을 보였다고 한다. 종교인들을 대상으로 조사한 통계에도 신앙생활을 하는 이유 가운데 가장 많은 응답은 마음의 평안이나 행복이었다.

많은 이들이 행복에 관해 많은 말을 남겼다. 사람들마다 행복에 대한 가치관도 천차만별이다. 행복에 관한 생각은 주관적이고, 나이가 들어감에 따라 행복의 기준도 달라진다.

주변을 살펴보면 소위 상대적 박탈감 때문에 행복감을 느끼지 못하는 사람도 적지 않다. 비교 대상이 많아서 자신의 처지와 형편에 자족하기가 어려운 것이다.

오늘날 우리는 스스로 생각하는 법을 잊어버렸다. 타인과 주변의 시선, 그리고 여론에 휘둘려 '나의 생각'을 만들고 있다. 그것은 엄격히 말하면 '나의 생각'이 아닌 타인이 만들어준 생각이다. 진정한 행복에 관해서도 주입된 생각만 있을 뿐이다.

　시인은 행복이 멀리 있지 않다고, 내 안에 내가 찾던 행복이 있다고 말한다. 분주함 속에 방향을 잃어버린 이들이라면, 이 시가 전하는 메시지에 잠시 귀를 기울일 필요가 있다.

가장 행복한 사람은

내면의 확신이나 가치관과

조화를 이루며 살아가는 이들이다.

-브라이언 트레이시

진정한 가난

• 마이스터 에크하르트

당신 것이든 세상 것이든 간에

아무것도 소유하거나 원하지 않을 때

비로소 당신은 소유 의식을 가지지 않게 됩니다.

심지어 하나님을 소유하려는 생각마저 하지 마십시오.

진정으로 마음이 가난해진다는 것은 어떤 것일까요?

그것은 바로 필요하지 않은 것은

어떤 것도 소유하지 않는 것입니다.

당신은 모든 것을 가졌을 때보다

아무것도 소유하지 않을 때 더 행복합니다.

하나님을 위해서 모든 것을 포기할 줄 아는 지혜를

지닌 사람만이 진정으로 하나님 나라에 들어갈 수 있습니다.

· 무소유의 행복 ·

에크하르트는 우리가 하나님을 '소유'하고 싶어한다고 고발한다. 세상의 사물을 소유하려는 욕망에 사로잡힌 우리 인간이 하나님마저도 소유의 대상으로 여긴다고 본 것이다. 또 진정한 행복에 대해 묻는다. 진정한 행복은 많은 것을 소유하는 데 있지 않다고 말한다. 진정으로 마음이 가난해지는 길은 "바로 필요하지 않은 것은 / 어떤 것도 소유하지 않는 것"이다. 그는 소유의 만족보다 무소유의 행복으로 우리를 안내한다.

그것은 '하나님을 위해서 모든 것을 포기할 줄 아는 지혜'이다. 쉽지 않은 선택이고 결단이지만, 이 지혜가 있는 사람이 진정으로 하나님 나라에 들어갈 수 있다고 말한다. 마음이 가난한 자에게 주어지는 '천국'의 복이 이런 것이 아니겠는가.

만일 당신이 높은 자리에 있다면,
마치 당신이 꼴찌인 것처럼 영의 겸손함을 유지하라.

– 샤를 드 푸코

무관심

• G. A. 스터더트 케네디

예수께서 골고다에 오셨을 때, 그들은 그를 나무에 매달았다
그의 손과 발에 대못을 박고 그를 희생 제물로 삼았다
그에게 가시관을 씌웠으니, 그의 상처는 붉고 깊었다.
거칠고 잔인한 시절이었고, 인간의 살은 헐값이었다.

예수께서 버밍엄에 오셨을 때, 그들은 그저 그를 지나쳐 갔다
그의 털끝 하나 다치지 않았고 죽게 내버려 두었다
사람들은 좀 더 상냥해졌으니, 그에게 고통을 주려 하지 않았다
그들은 그저 길거리를 지나갔고, 그를 빗속에 내버려 두었다

예수께서 외치셨다.
"저희를 용서하소서 자기가 하는 일을 알지 못하나이다"
겨울비가 내려 그를 속속들이 적셨다
사람들은 집에 갔고 길거리에는 사람 그림자도 없었다

예수께서는 벽 앞에 웅크려 갈보리를 위해 우셨다

* G. A. 스터더트 케네디(1883-1929, 영국 성공회 사제)

· 예수님을 아는 것 ·

한 번은 영국을 방문했던 한국의 목사가 존 스토트John Stott 목사에게 이렇게 질문했다.

"목사님, 목사님에게는 복음이 무엇인가요?"

그랬더니 이렇게 말씀하셨다.

"내게 복음은 예수 그리스도요!"

그리고 이어서 말씀하셨다.

"복음은 나의 인생에서 가장 기쁜 것입니다."

존 스토트 목사는 아침에 눈을 뜨면 특별히 예수님에 대해 몇 가지를 되새긴다고 했다.

"저는 매일 아침 눈을 뜨자마자 '예수님은 날 위해서 오셨다' '예수님은 날 위해서 죽으시고 부활하셨다' 그리고 '예수 그리스도께서는 승천하셨고 반드시 날 위해서 다시 오신다'는 사실을 생각하며 기뻐합니다."

기독교의 본질은 예수다. 기독교는 예수가 전부이다. 예수, 그가 누구인지를 알면 신앙은 쉽고 단순해지지만 예수님을 모르면 신앙은 힘들고 복잡해진다.

시인은 2천 년 전의 예수가 오늘날에도 우리 가까이 있다고 말한다. 고난당하는 이, 불의에 저항하다가 갇힌 이, 병든 이, 그리고 배제와 혐오에 의해 공동체로부터 소외된 이의 모습으로.

우리는 여전히 겨울비에 속속들이 젖은 한 노숙자를 지나쳐버리고, 강도 만난 이를 지나쳤던 제사장과 레위인처럼 그를 방치하고 있는지도 모른다. 21세기의 예수는 지금 어디에서 비를 맞고 계실까 생각해볼 일이다.

오늘날이라면 예수는 뚜렷한 밥벌이 수단이 없다는 이유로 분명히 경찰에 의해 다른 곳으로 쫓겨났거나 십중팔구 체포되었을 것임을 기억하는 게 좋다.

— G. K. 체스터턴

누구를 위하여
종은 울리나

누구든 그 자체로 온전한 섬은 아니다.

모든 인간은 대륙의 한 조각이며 대양의 일부다.

만일 흙덩이가 바닷물에 씻겨 가면

우리 땅은 그만큼 작아지며

모래톱이 그리되어도 마찬가지다.

그대의 친구들이나 그대 자신의

영지(領地)가 그리되어도

마찬가지다.

어떤 사람의 죽음도 나를 손상시킨다.

왜냐하면 나는 인류에 포함되어 있기 때문이다.

그러므로 누구를 위하여 조종(弔鐘)이 울리는지 알려고

사람을 보내지 말라.

종은 그대를 위하여 울리는 것이다.

· 모든 이에게 울리는 종소리 ·

우주의 본질과 그 안에서 인간의 위치에 관한 생각을 담은 이 시의 내용은, 아마도 던에게 성직을 준 왕실 사람들에게 전한 메시지였을 것이다.

여기서 종의 은유bell metaphor는 던이 병에 걸려 침상에 있었던 자신을 추억하는 회상과 연관이 있다. 그는 병상에서 가까운 교회에서 울리는 조종弔鐘 소리를 떠올리고, 자신이 죽어가고 있다고 느꼈을 때 이 세상을 떠나 저 세상으로 들어가는 사자死者를 상상했다.

어쩔 수 없이 고립된 상태에 있었으므로 우울함은 그를 압도했다. 심지어 감염에 대한 두려움으로 주변 사람들도 그에게 다가오기를 꺼려했다. 아마도 종소리를 들을 때 던은 자신의 삶에 관해 깊은 상념에 잠겼을 것이다.

시인은 지상의 모든 이들이 보다 큰 전체의 한 부분이라고 암시한다. 그러므로 조종弔鐘은 그 소리를 듣는 모든 이에게 심오한 의미가 있다. 우리는 하나님의 동일한 계획의 일부이기 때문이다. 따라서 그 종은 종소리를 듣는 모든 이를 위해 울리는 것이다.

다른 사람의 죽음을 알리는 조종은 사람들에게 그 자신이 죽기 전에 해야 할 일들을 상기시킨다. 바꾸어 말하면 공동체의 일원이라는 자각으로부터 시민의식이 생기고, 이로써 하나님의 표준에 맞추어 살고자 하는 신앙심의 표현으로 자발적인 사랑을 실천하게 된다. 결국 이 시는 우리가 '인류에 포함되어' 있음을 깨닫게 한다.

산다는 것은 죽어가는 것이다.
우리가 새롭게 얻는 하루는
삶의 줄어드는 하루이기 때문이다.

-페르난도 페소아

당신은
어느 쪽인가요

• 엘라 휠러 윌콕스

오늘날 세상엔 두 부류의 사람들이 있지요.

부자와 빈자는 아니에요.

한 사람의 재산을 평가하려면

그의 양심과 건강 상태를 먼저 알아야 하니까요.

겸손한 사람과 거만한 사람도 아니에요.

짧은 인생에서 잘난 척하며 사는 이는 사람으로 칠 수 없잖아요.

행복한 사람과 불행한 사람도 아니지요.

유수 같은 세월

누구나 웃을 때도, 눈물 흘릴 때도 있으니까요.

아니죠. 내가 말하는 이 세상 사람의 두 부류란

짐 들어주는 자와 비스듬히 기대는 자랍니다.

당신은 어느 쪽인가요?

무거운 짐을 지고 힘겹게 가는 이의 짐을 들어주는 사람인가요?

아니면 남에게 당신 몫의 짐을 지우고
걱정 근심 끼치는 기대는 사람인가요?

· 돕는 자의 삶을 살기를 ·

시인은 이 세상에 두 종류의 사람이 있다고 말한다. 그것은 죄인과 성자, 또는 부자와 가난뱅이가 아니다. 겸손한 사람과 거만한 사람도 아니다. 행복한 사람과 불행한 사람도 아니다. 시인이 말하는 두 부류의 사람은 짐을 덜어주는 사람과 짐을 지우는 사람이다. 어딜 가든 우리는 이 두 종류의 사람을 보게 된다.

시인은 우리에게 어떤 모양으로든지 돕는 자helper의 삶을 살라고 권한다. 그 목표는 이웃사랑으로 표현되는 모든 것이리라. '무거운 짐을 지고 힘겹게 가는 이'의 짐을 들어주는 일은 일상의 소소한 만남과 관계에서도 이루어진다. 생각해보면 일상은 소소한 일들이 모여 놀라운 일이 일어나는 현장이다. 짐을 덜어주는 삶은 이 일상에서 빛을 발한다.

다른 선택을 시작하기 위해서는 먼저 선택
의 힘을 믿어야 한다.

-짐 윌리스

사랑보다
아름다운 것

고독한 나는
내가 믿는 것처럼 믿지 못하고
그대가 생각하고 있는 것처럼
생각하지를 못합니다.

고독한 나는
남들이 사랑하는 것처럼 사랑하지를 못합니다.
그러나 그대처럼 언젠가는 나도 죽을 것이고
그전에 더 이상은 망설이지 않고
그대를 사랑할 것입니다.

그대와 내게는
사랑보다 더 아름다운 것이란 없습니다.
그대의 사랑은 그대가 내 우주를

채울 때에만 피어납니다.

그대의 흔들리는 마음도

나의 사랑을 위해서만 삽니다.

· 고독을 안고 살아가는 이들에게 ·

울프는 이 시에서 방 안에서 나오지 않는 소녀처럼 조심스럽게 마음을 열어 보인다. 사랑하는 이가 있기에 고독의 울타리를 벗어날 수 있으련만 아직은 조심스럽기만 하다. 그건 누구의 탓도 아니다. 그의 마음이 다른 사람의 마음에 닿기까지, 사랑하는 이의 마음이 그의 마음에 이르기까지 얼마만큼의 시간과 안타까움과 기다림이 필요한지 알 수 없기 때문이다. 하지만 포기하지 않으리라 다짐한다.

삶이 허락한 시간은 유한하고 그 시간을 향유하는 최선의 길은 사랑 뿐이라고 울프는 믿는다. 실존적 고독을 안고 살아야 하는 사람들에게 사랑보다 더 아름다운 것은 없다는 자명한 진리를 마음에 새기게 하는 시다.

내 안에는 나 혼자 살고 있는 고독의 장소가 있다.

그곳은 말라붙은 마음을 소생시키는 단 하나의 장소다.

-펄 벅

상처

• 조르주 상드

덤불 속에 가시가 있다는 것을 안다.
하지만 꽃을 더듬는 내 손 거두지 않는다.
덤불 속의 모든 꽃이 아름답진 않겠지만
그렇게라도 하지 않으면 꽃의 향기조차 맡을 수 없기에.

꽃을 꺾기 위해서 가시에 찔리듯
사랑을 얻기 위해
내 영혼의 상처를 견뎌낸다.
상처받기 위해 사랑하는 게 아니라
사랑하기 위해 상처받는 것이므로.

· 상처 입은 치유자 예수 ·

가시가 있는 꽃은 종종 시의 소재가 되곤 한다. 동서양 시인들의 시적 감수성은 비슷한 반응을 보인다. 물론 가시를 보는 시각은 같지 않다. 조르주 상드의 〈상처〉는 가시를 극복해야 할 걸림돌로 본다. 예수 그리스도도 어떤 의미에서 '상처'를 예상하면서도 과감한 사랑으로 어둠과 죽음을 이기고 승리하셨다. 상처를 입으며 죄악의 덤불 속에서 우리를 구해낸 주님은 '상처 입은 치유자'라는 영예로운 이름으로 불린다. 주님은 죽음이라는 대가를 기꺼이 지불하셨다. 세상의 죄가 그분의 심장을 깊게 찔렀다고 말한다면 과한 표현일까. 아니다. 주님은 사랑을 위해 생명을 거는 모험을 감행하셨다.

고통의 현실을 보지 못한 사람은 우주의 절반밖에 모르는 사람이다.

-랄프 왈도 에머슨

하루밖에
살 수 없다면

하루는 한 생애의 축소판

아침에 눈을 뜨면

하나의 생애가 시작되고

피로한 몸을 뉘어 잠자리에 들면

또 하나의 생애가 마감됩니다.

하루밖에 살 수 없다면

나는 당신에게

투정 부리지 않을 겁니다.

하루밖에 살 수 없다면

당신에게 좀 더 부드럽게 대할 겁니다.

아무리 힘겨운 일이 있더라도

불평하지 않을 거구요.

하루밖에 살 수 없다면

더 열심히 당신을 사랑할 겁니다.

아무도 미워하지 않고

모두 사랑하기만 하겠습니다.

그러나 정말 하루밖에 살 수 없다면

나는 당신만은 사랑하지 않을 겁니다.

죽어서도 버리지 못 할 그리움

그 엄청난 고통이 두려워

당신 등 뒤에서 그저 울고만 있을 겁니다.

바보처럼

하루하루를
마지막 날인 것처럼 살라

누군가 인생이란 모래시계의 모래처럼 끊임없이 빠져나가는 것이라고 했다. 언젠가는 마지막 모래알이 떨어지는 것처럼 누구에게나 인생의 마지막 날이 온다.

하루하루를 '그 마지막 날'처럼 산다면 어떻게 살아야 할까? 하루하루가 그 마지막 날처럼 소중하다는 걸 깨달을 때 삶의 의미는 달라진다. 인생이란 하루하루가 모여서 된 것이므로 하루하루를 마지막 날인 것처럼 의미 있게 잘 사는 것이 인생을 잘 사는 것이 아닐까?

가장 귀중한 사랑의 가치는 희생과 헌신이다.

-로렌조 그라시안

내 무덤 앞에서
울지 말아요

• 메리 엘리자베스 프라이

내 무덤 앞에서 울지 말아요.

나는 그곳에 없어요. 잠들어 있지 않아요.

나는 천 갈래 바람이 되어 불고,

눈송이 되어 보석처럼 반짝이고,

햇빛이 되어 익어가는 곡식 위를 비추고,

잔잔한 가을비 되어 내리고 있어요.

당신이 아침의 고요 속에서 깨어날 때,

원을 그리다 비상하는 조용한 새의

날개 속에도 내가 있고

밤하늘에 빛나는 포근한 별들 중에도 내가 있어요.

내 무덤 앞에서 울지 말아요.

나는 그곳에 없어요. 죽은 게 아니랍니다.

⟨ • 죽음을 제대로 이해하기 • ⟩

죽음을 제대로 파악하면 인생은 더 풍성해진다. 죽음을 묵상하는 일은 기독교 역사 면면히 이어져 내려온 전통이다. 시리아의 성 이삭St, Isaac the Syrian은 이렇게 가르쳤다.

> "여러분의 죽음을 마음으로 준비하십시오. 현명한 사람이라면 매 시간 자신의 죽음을 생각할 것입니다. 그러다가 죽음의 시간이 이르면 이렇게 말하면서 기쁘게 죽음을 맞이하십시오. '평안히 오라. 네가 올 줄 이미 알고 있었다. 나는 이 여정에서 나를 도와줄 만한 것은 하나도 소홀히 한 것이 없노라.'"

시인을 유명하게 만든 〈내 무덤 앞에서 울지 말아요〉는 사실 갈색 쇼핑백 위에 써놓은 것이었다. 시를 쓰도록 영감을 준 슬픈 이야기가 있다. 메리는 독일계 유태인 소녀를 알고 있었다. 그 소녀의 모친은 독일에서 임종을 앞두고 있었는데, 당시 독일에 널리 퍼져 있던 반유대 정서 때문에 소녀는 모친의 마지막 모습을 볼 수 없음을 안타까워했다. 이를 곁에서 지켜보던 메리가 이 시를 쓰게 된 것이다.

미국 미주리대의 심리학자 케네스 베일에 따르면, 죽음에 대해 숙고하면 오히려 공격적인 행동을 삼가고, 운동을 열심히 하는 등 건강을 더 돌본다고 한다. 또 남을 돕고 싶은 마음이 생길 뿐만 아니라 흡연율과 이혼율도 감소하는 것으로 나타났다.

언제 어느 때 죽음이 우리를 방문할지 모른다. 죽음 후에는 아무것도 할 수 없기 때문에 반드시 죽음을 준비해야 한다. 그리고 죽음을 준비했다면, 우리가 죽음에 다다를 때까지 어떻게 살아야 할지를 생각해야 한다. 노인이 될지라도 그가 진정한 그리스도인이면, 그에게 있어서 죽음은 영광스러운 새 생명의 입구가 될 것이다.

잘 죽는 문제는 사실상 잘 사는 문제이기도 하다.

잘 살기 위해서는 죽음을 제대로 이해해야 한다.

-랍 몰

내 나이
스물한 살 적에

• 알프레드 하우스만

내 나이 스물한 살 적에
슬기로운 사람이 하는 말이
"돈이거든 얼마든지 주어라마는
네 마음을 주어서는 안 되느니라.
진주나 루비일랑 주어라마는
네 마음을 쏟아서는 안 되느니라."
그러나 내 나이 스물한 살
내겐 일러주어도 부질없어라.

내 나이 스물한 살 적에
그 사람이 또다시 하는 말이
"가슴에서 내어주는 마음이란
그냥 주는 것은 아닌 것을.
갚음으로 받는 건 숱한 한숨

그리고 끝이 없는 슬픔이니라."

내 나이 이제 스물두 살

오 정말이어라, 정말이어라.

• 젊은 시절에 창조자를 기억하라 •

시인은 절제되고 소박한 문체로 젊음의 때를 노래한다. 젊음의 덧없음을 암시하는 듯한 다소 염세적인 분위기를 연출하고 있지만, 낭만적 어조로 삶의 경계선 같은 스물한 살의 위기를 펼쳐 보인다.

사무엘 울만유대교 랍비, 시인은 청춘이란 "장밋빛 뺨, 앵두 같은 입술, 강인한 의지, 풍부한 상상력, 불타는 열정"이라고 노래했다. 그는 청춘이란 인생의 어느 기간을 말하는 것이 아니라 마음의 상태라고 했다. 청춘의 특징은 용기와 모험심, 그리고 이상이다.

사람은 나이를 먹는다고 늙는 것이 아니라 이상을 잃어버릴 때 비로소 늙는 것이 아닐까. 세월이 흘러도 열정을 가진 마음은 시들지 않는다. 희망과 열정, 그리고 용기를 잃지 않는다면 우리는 젊음을 유지할 것이다.

그래도 세월 따라 약해지는 육체를 바라보는 마음은 쓸쓸하다. 때가 되면 "세월 앞에 장사 없다"는 말에 공감한다. 이미 지나간 날들을 바라보면 아쉬움을 느끼기도 한다. 청교도 J. C. 라일은 〈청년에게 전하는 글〉에서 이렇게 말한다.

> "꽃과 같은 젊음의 힘은 마귀와 세상에 바치고, 하나님께는 찌꺼기와 부스러기나 다름없는 마음과 쇠잔한 힘만을 드리는 것은 참으로 크나큰 불경이 아닐 수 없다."

전도서도 말한다. 고통의 날들이 닥치기 전에, "인생에 낙이 없다"라고 말할 때가 오기 전에, 그 젊은 시절에 네 창조자를 기억하라고전도서 12:1.

하나님이 어떤 분인지 알고 싶다면,
그분의 말씀을 알아야 한다.
 -찰스 스펄전

191

CHAPTER 05

사랑의 시에서 만난 하나님

*

희망이신
하나님

• 마리 채피언

하나님께서 말씀하신다.

나는 희망이다
나는 너희에게 미래의 영광
그 이상의 것을 준다

나는 너희의 현재의 영광이다
나는 너희의 말을 듣고 있다
나는 너희의 기도를 들어준다

기억하라, 내가 너희와 함께 있음을
그리고 너희가 사랑하는 사람과 함께 있음을
그리고 두려워하지 말라

사랑과 함께 내가 너희에게 주는 선물인 희망을
소중히 간직하라

그리고 당당하게 걸음을 내디뎌라
내가 너희의 기도를 들었고 응답해줄 것이니···.

· 응답하시는 희망의 하나님 ·

이 시는 희망을 이야기한다. 하나님 자신이 우리의 희망과 소망이라는 것이다. 하나님은 우리에게 '현재의 영광'으로 우리의 기도를 들으시는 분이다. 임마누엘의 하나님으로 우리 가운데 임재하시는 분이다.

하나님은 사랑과 함께 희망을 주신다. 이것 역시 선물이다. 그러므로 우리는 당당하게 걸음을 내디딜 수 있다. 기도를 들으시고 응답하시는 그분을 신뢰함으로.

생명이 있는 한 희망은 있는 것이다.

-세르반테스

거룩하신 분

• 조지 맥도널드

사람들은 모두 왕이 나타나
모든 대적을 무찌르고 자신들을 높여주길 바라네
그러나 당신은 한 여인의 눈물 속에
어린 아기의 모습으로 오셨네

오, 인자여, 당신의 임재만이
내 운명을 바로 잡으리
하지만 길 위에도 당신의 흔적이 없고
바다 위에도 당신의 흔적이 없네

당신은 내 방법과 내 시간에 관심이 없으시고
당신만의 비밀스런 계단으로 내려오시네.
그곳에서 당신은 내 모든 필요에 응답하시리.
모든 과거의 기도까지도.

· 우리가 측량할 수 없는 하나님 ·

시인은 하나님이 우리의 기대나 생각과 다르게 행하신다고 말한다. 그분은 세상을 놀라게 하신다. 선교학자 마이클 프로스트는 《세상을 놀라게 하라》에서 하나님의 임재 속에서 "우리는 완전히 압도되어 우리가 너무나도 작다는 것을 깨닫게 된다. 그런 초월적인 체험은 그냥 놀라게만 하는 것이 아니라, 이상하게도 편안함을 준다. 우리도 그런 체험이 필요하다"라고 했다.

시인은 우리가 하나님 앞에서 가져야 할 자세는 경건한 두려움과 순복이라고 말한다. 하나님을 만났을 때 사람들은 예외 없이 경외심과 말로 표현할 수 없는 장엄함을 느낀다. 동시에 영혼을 압도하는 신비한 감정에 휩싸일 때도 있다.

하나님은 측량할 수 없는 분이다. 그분을 인간의 작은 척도로 어떻게 잴 수 있단 말인가? 날마다 태양을 바라보면서도 그 태양의 본질을 파악조차 하지 못하는 것이 사람이 아닌가? 자기 자신에 대해서도 잘

알지 못하는 인간의 마음이 어떻게 하나님의 본체를 탐구하려 한단 말인가?"^{장 칼뱅}

현대인의 실수는 하나님을 축소한 것이다. 사람들은 그분의 지혜가 우리보다 얼마나 크고 깊은지, 그분의 길이 우리보다 얼마나 높은지, 그분의 생각이 우리보다 얼마나 순전한지 생각해보지 않는다. J. D. 그리어는《하나님을 하나님 되게》에서 이렇게 조언한다.

"우리에게 필요한 건 더 많은 정보가 아니다. 살아 계신 하나님을 보는 것이 필요하다. 너무도 위대해서 우리 머리로 이해할 수 없는 분, 너무 선해서 가까이 다가가야 할지 도망쳐야 할지 쉽사리 판단이 서지 않는 분. 그 하나님을 봐야 한다. 하나님은 말씀하신다. 끊임없이 하나님은 자연 속에, 아름다움 속에, 우리 고통 속에, 우리 즐거움 속에, 우리 질문들 속에 작은 스피커를 두셨다. 무엇보다도 그분의 음성은 성경을 통해 가장 분명하게 들려온다. 그 음성에 귀를 기울이고 있는가? 그 음성이 당신의 모든 질문에 답해 주지는 않을지 모르지만, 그 모든 질문보다 훨씬 크신 하나님을 대면하게 해줄 것이다."

하나님은 그분을 알고자 하는 우리의 열정이

그 어떤 열정보다 크기 원하신다.

                              - 래리 크랩

마음속의
시계

• 엔젤트리

사람의 시간은 모두 같습니다만
사람들 마음속의 시간은 저마다 다릅니다

사람들이 갖고자 하는 시간은 짧고
사람들이 버리고자 하는 시간은 길고
사람들이 맞고자 하는 시간은 더디고
사람들이 피하고자 하는 시간은 빠르게 다가옵니다.

시간은 길지만
마음속의 시계는 저마다 다릅니다.
우리가 바꿀 수 없는
시간의 흐름에 대한
단 한 줄의 위안은 이것입니다

마음의 시계를 늦춘다면,

행복은 좀 더 길게 당신 곁에

머물 수 있을 것입니다

세상의 시계 말고
나만의 시계로 살아가기

시간은 중요하다. 시간을 중요하게 여기려면, 시간이 무엇인지 아는 것이 필요하다. 시인은 상대적인 시간을 말하고 있다. 우리들의 보편적인 경험을 말하자면, 전자레인지 앞에서 기다리는 3분은 아주 길게 느껴지고 명강사의 연설은 30분도 짧게 느껴진다. 누군가의 말처럼 20대와 30대의 시간은 시속 20~30킬로미터로 가지만, 50대 이후부터는 가속이 붙는다. 나이가 들면 한꺼번에 10년이 휙 지나가는 것 같다는 말도 일리가 있다.

작가 트리나 폴러스는 《꽃들에게 희망을》에서 세상에 처음 태어난 호랑 애벌레가 '삶의 의미'를 찾아 여행을 시작하는 이야기를 들려준다. 호랑 애벌레는 수많은 애벌레가 올라가려는 기둥 너머에 희망이 있을 거라고 생각한다. 그러나 그 위에는 아무것도 없었다.

성공과 성취만을 최고의 가치로 여기고 살아간다면, 그 사람에게는 물질적 풍요와 물리적 시간만이 소중하다. 그러나 삶의 가치가 사랑과 믿음 그리고 소망에 있다고 생각하는 이에게 행복의 기준은 다를 것이다. 따스한 봄날, 꽃길을 걸으면서 앞만 보고 걷는 사람이 있다면 그 사람은 봄을 만끽하지 못할 것이다.

'속도'만을 생각하지 않고 '방향'을 확인하면서 여유를 가지고 걸어가는 나만의 마음 시계로 인생을 만들어가는 건 어떨까?

다가올 일을 염려하지 말고 덧없이 사라지는
것 때문에 슬퍼하지 말라.
오히려 자신을 잃어버리지 않을까 염려하고
하늘을 네 안에 품지 못한 채 시간의 흐름에
휩쓸려 가는 것을 슬퍼하라.

-프리드리히 슐라이어마허

거룩한 모습

• 윌리엄 블레이크

자비, 연민, 평화 그리고 사랑에게
모든 사람들은 그들의 고통 가운데서 기도한다.
그리고 이러한 기쁨의 미덕에게
모두 감사한다.

자비, 연민, 평화 그리고 사랑은
우리들의 사랑하는 하나님
자비, 연민, 평화, 그리고 사랑은
하나님이 보호하는 아이인 사람.

그래서 자비는 사람의 마음
연민은 사람의 얼굴
그리고 사랑은 거룩한 사람의 모습
그리고 평화는 사람의 옷

모든 나라의 모든 사람은
고통 가운데서 기도한다.
사랑, 자비, 연민, 평화인
거룩한 사람의 모습에게 기도한다.

그리고 우리는 모두 사람의 모습을 사랑해야 한다.
이교도인, 터키인, 유대인 속에 있는 그 모습을
자비, 사랑, 그리고 연민이 사는 곳에
그곳에 하나님도 사신다.

이 시는 모든 인간에게서 볼 수 있는 근원적 신성성에 대해 노래한다. '하나님의 형상'으로 표현되는 인간의 존엄성에 관한 신념이 시 전체에 흐르고 있다.

모든 사람이 그 신성성을 강렬하게 드러내는 것은 아니지만, 우리는 모두 모든 사람의 모습을, 하나님의 형상을 지닌 사람을 사랑해야 한다고 시는 말해주고 있다. 인종·종교·피부색 그리고 성별에 따라 모든 사람은 차별받지 말아야 한다.

하나님의 목적 안에서 중요하지 않은 사람은 없다.

-알리스터 벡

나는
생각하기를

나는 생각하기를 위대해져야겠다 해서
우선 고향을 떠나야 한다고 결심했다.
나는 이리하여 나와 모든 것을 잊었다.
여행 떠날 생각에 사로잡혀서.
그때 나는 한 소녀의 눈동자를 보았더니
먼 나라는 작아지면서
그와 함께 평화로이 사는 것이
인생 최고의 행복처럼 여겨졌다.

나는 생각하기를 위대해져야겠다 해서
우선 고향을 떠나야 한다고 결심했다.
이리하여 정신의 크나큰 모임에로
젊은 힘은 높이 용솟음쳤다.
하지만 그녀는 말없이 가르치기를

하나님이 주는 최대의 것은
유명해지거나 위대해지는 것이 아니라
올바른 사람이 되는 것이라 했다.

나는 생각하기를 위대해져야겠다 해서
우선 고향을 떠나야 한다고 생각했다.
나는 고향이 냉정함을 알고 있었고
내가 오해받고 소외되고 있음을 느꼈다.
하지만 그녀를 통해 내가 발견한 것은
만나는 사람의 눈마다 사랑이 있다는 것
모두가 기다린 것은 나였던 것이다!
그리고 인생은 새로워지게 되었다.

• 지금 바로 여기에 행복이 있다 •

시인은 삶의 의미를 담담한 어조로 이야기한다. 인생의 의미는 무엇인
지, 진정한 행복은 무엇인지. 시인은 '먼 나라'로 떠나 유명해지는 것이
최고의 행복은 아니라는 것을 깨닫는다. 또한 유명해지거나 위대해지
는 것보다 올바른 사람이 되는 것이 삶에서 추구해야 할 것이라고 말한
다. 한때 시인은 자신이 고향에서 외톨이라고 생각했다. 그를 이해하고
받아주는 이가 없다고 느꼈다. 하지만 한 소녀를 통해 진정한 사랑에 눈
뜨고 이 세상이 새롭게 보이기 시작했다. 만나는 사람의 눈마다 사랑이
있음을 깨달았기 때문이다.

우리는 어디에서 진정한 행복을 찾을 수 있을까? '고향을 떠나야' 그
답을 찾을 수 있을까? 시인은 아니라고 답한다. 우리가 찾는 행복은 저
멀리 산 너머에 있는 것이 아니다. 마음을 열고 살펴보면 바로 지금 여
기에서 그 답을 찾을 수 있다. 지금 우리가 뿌리내린 자리에서 꽃 피울
수 있다고 시인은 말한다.

별을 따려고 손을 뻗는 사람은

자기 발밑의 꽃을 잊어버린다.

-제레미 벤담

나의 선물

• 크리스티나 로세티

나 그분께 무엇을 드릴 수 있을까요?

나는 가난하오니

내가 목자라면

어린양 한 마리를 드리리다.

내가 동방박사라면

내 분깃의 예물을 다 드리리다.

그러나 나 그분께 무엇을 드릴 수 있을까요?

다만 나의 마음을 드리렵니다.

· 마음은 응답하는 사랑의 선물이다 ·

선물은 받는 사람을 알아준다는 뜻이고, 그에게 관심을 가진다는 것이고 귀하게 여긴다는 의미이다. 시인은 하나님에게 무엇을 드려야 할지, 그가 드릴 수 있는 것 가운데 가장 소중한 것이 무엇인지 생각해본다. 그 예물은 다름 아닌 그의 마음이다. 마음을 드린다는 것은 나의 전 존재 가운데 일부를 드리는 것이 아니다. 온전한 신뢰와 헌신을 드리는 것이다. "하나님이 나의 모든 것입니다"라는 고백의 표현이다.

이 시는 하나님이 주신 은혜에 기쁨과 감사로 응답하려는 시인의 마음을 보여준다. 아마도 그가 받은 은총을 기억하고, 감사하는 마음에서 우러나온 생각일 것이다. 마음을 드리는 행위는 강요나 강제로 이루어지지 않는다. 이는 절대자의 사랑에 대해 우리가 보일 수 있는 '응답하는 사랑'의 반응이리라.

사랑은 메아리와 같다. 받은 것을 되돌려주는 것이기 때문이다.
-토머스 맨톤

215

내가 만약
촛불을 밝히지 않는다면

• 나짐 히크메트

내가 만약 촛불을 밝히지 않는다면,

당신이 만약 촛불을 붙이지 않는다면,

우리가 만약 촛불을 밝히지 않는다면,

이 어두움을 어떻게 밝힐 수 있는가?

당신도 누군가를 위한 촛불이 될 수 있다

촛불 하나는 큰 힘이 없는 듯하다. 하지만 촛불 하나가 어두운 방 하나를 은은한 빛으로 채우지 않던가. 촛불이 한 곳에 모이면 무언의 메시지가 되기도 한다. 한 사람이 자기 집 창유리를 닦는 일은 대단한 일이 아닐 수 있다. 그러나 그가 이 세상의 한 구석을 닦는다는 마음으로 창유리를 닦을 때 세상의 한 귀퉁이는 밝아진다.

누구나 살아가다가 촛불을 밝혀야 할 때가 있다. 특히, 어둠의 골짜기를 통과하는 시간이 닥친다면 작은 불빛 하나가 용기와 위로를 준다. 혼자가 아닌 함께 걷는 길이라면 더욱 그러할 것이다. 촛불은 나만을 위해 밝히는 것이 아니다. 두려움에 사로잡힌 이를 위해서도 밝힌다. 누군가에게 이 빛은 소망의 빛이 될 수 있다.

멈추라, 보라, 들으라, 주라, 행동하라.

-팀 켈러

217

내가 이제야
깨닫는 것은

내가

이제야 깨닫는 것은,

사랑을 포기하지 않으면

기적은 정말 일어난다는 것

누군가를 사랑하는 마음은

숨길 수가 없다는 것

이 세상에서 제일 훌륭한 교실은

노인의 발치라는 것

하룻밤 사이의 성공은

보통 15년이 걸린다는 것

어렸을 때 여름날 아버지와 함께 동네를 걷던 추억은
일생의 지주가 된다는 것

삶은 두루마리 화장지 같아서
끝으로 갈수록 더욱 빨리 사라진다는 것

돈으로
인간의 품격을 살 수는 없다는 것

삶이 위대하고 아름다운 이유는
매일매일 일어나는 작은 일들 때문이라는 것

하나님도 여러 날 걸린 일을
우리는 하루 만에 하려 든다는 것

마음의 상처를 치유하는 것은
시간이 아니라 사랑이라는 것

부모님이 돌아가시기 전에
단 한 번이라도 사랑한다는 말을 하지 못하는 것은
영원한 한이 된다는 것

우리 모두는 다 산꼭대기에서 살고 싶어 하지만

행복은 그 산을 올라갈 때라는 것

그런데 왜 우리는

이 모든 진리를 삶을 다 살고 나서야 깨닫게 되는 것일까?

뻔한데 왜 우리는

그렇게 복잡하고 힘들게 사는 것일까?

우리는 너무 늦게 삶으로부터 배운다

이 시는 서강대학교에서 재직하시다가 파킨슨병에 걸려 모국母國인 필리핀으로 돌아가신 페페 신부가 치료가 불가능하다는 선고를 받은 후, 삶을 정리하면서 쓴 글로 알려져 있다.

죽음에 직면하면 우리는 삶과 사물을 다르게 보게 된다.《학문의 즐거움》을 쓴 히로나카 헤이스케는 "죽음이 없으면 삶이 존재하지 않는다. 죽음이 있기 때문에 비로소 삶이 존재한다"라고 말했다. 그에 의하면 살아 있다는 것은 그 자체가 대단한 것이다. 그 값진 삶을 보다 멋지게 사는 것이 살아 있는 사람의 특권이라고 강조한다.

시인은 죽음을 마주하고서 많은 것을 다시 생각해본다. '이제야 깨닫는' 것들이 있다고 담백한 언어로 고백한다.

실존철학자 볼노브O. F. Bollnow는《실존철학이란 무엇인가》라는 책에서 이렇게 말한다.

"죽음의 위협을 통하여 비로소 인간은, 다른 일을 성취하기 위하여 어떤 일을 젖혀 놓으며, 본질적인 것을 본질적이 아닌 것으로부터 구별하도록 강요한다."

이 말은 실존주의가 우리에게 전하는 메시지의 핵심을 잘 요약해준다. 사람은 죽음 앞에 이르러 철저하게 혼자가 되고 '나'가 되기 때문이다. 죽음 앞에서 시인은 '복잡하고 힘들게' 살아온 날들을 되돌아본다. 후회되는 순간들이 하나둘이 아닐 것이다. 그래서 이 시를 유언처럼 남긴 것이 아닐까? 이 시를 읽는 독자 중에 문득 전도서의 말씀이 생각날지도 모르겠다.

"청년이여 네 어린 때를 즐거워하며 네 청년의 날들을 마음에 기뻐하여 마음에 원하는 길들과 네 눈이 보는 대로 행하라. 그러나 하나님이 이 모든 일로 말미암아 너를 심판하실 줄 알라."(전 11:9)

한 번뿐인 삶은 곧 지나갈 것이다.

오직 그리스도를 위해 행한 일만이 존속될 것이다.

-C.T. 스터드

굴뚝 청소부

어머니가 돌아가셨을 때 난 아주 어렸었다.
아버지는 내가 "딱으! 딱으! 딱으! 딱으!"라고 밖에는
소리를 내지 못할 때 나를 팔아버렸다.
그래서 나는 굴뚝을 소제하고 검댕 속에서 잔다.

꼬마 톰 데이커가 있었는데, 양(羊)의 등처럼 곱슬한
머리가 면도질 당했을 때 그는 울었다, 그래서 나는 말했다.
"조용히 해, 톰! 신경 쓰지 마, 네 머리가 대머리면 검댕이 흰 머리칼을
더럽힐 수 없다는 걸 너도 알잖아."

그래서 그는 잠잠해졌다. 그런데 바로 그날 밤,
톰이 잠들어 있는데 그는 이런 광경을 보았다.
수천(數千)의 소제부들, 디크, 조우, 네드, 그리고 재크,
모두가 검은 관(棺)들 속에 갇혀 있는 것을.

그런데 빛나는 열쇠를 가진 천사 하나가 곁으로 오더니,
관들을 모두 해방시켰다.
그러자 푸르른 들판을 날뛰며, 웃으면서 그들은 달려가
강에서 몸을 씻고 햇빛을 받고 빛난다.

그리고는 발가벗은 흰 몸으로, 모든 가방들을 뒤에 둔 채
그들은 구름을 타고 올라가 바람 속에서 장난치며 논다.
천사가 톰에게 말했다. 그가 착한 소년이 된다면,
하나님을 아버지로 모실 수 있고 언제나 기쁨이 넘칠 것이라고.

그러다가 톰은 잠을 깼고, 우리도 어둠 속에 일어났다.
가방과 솔을 들고 일하러 나갔다.
비록 아침이 차가왔지만, 톰은 행복하고 따뜻하기만 했다.
그래서 모두들 자기 임무를 다한다면 해(害)를 두려워할 필요가 없다.

• 결국 모든 일이 잘될 것이다 •

윌리엄 블레이크William Blake가 쓴 이 서정시는 낭만적이고 환상적이다. 또한 서사적이며 상징적이기도 하다. 시인은 천진난만한 어린이의 어조로 사회의 부정적 단면을 비판한다. 이 시에는 현실 비판과 함께 참된 행복에 대한 간절한 소망이 나타나 있다.

그리고 시인은 당대의 불의와 도덕적 병폐를 비판한다. 무엇보다 천진난만한 어린아이의 목소리를 통해 18세기 영국 사회의 냉혹한 일면을 다루고 있다.

하지만 시인의 인생관은 낙관적이다. 인간성을 망가뜨리는 현실의 고통 속에서도 낙심하지 말고 살아가라고 우리를 격려한다.

우리 삶에 만일 겨울이 없다면 봄은 그다지 즐겁지 않았을 것
이다. 만일 우리가 때때로 역경을 경험하지 못한다면 성공은
그리 환영받지 못할 것이다.

-앤 브래드스트리트

매일 매일
마음의 근육을 키우자

• 엘리자베스 길버트

매일 무슨 옷을 입을까
고르는 것과 마찬가지로

무슨 생각을 할까
고르는 법을 배워야 해.

그건
네가 얼마든지 기를 수 있는 힘이야.

네가 정말로 네 인생을 통제하고 싶다면
마음을 훈련시켜.

그거야말로
네가 세상에서 유일하게 통제할 수 있는 거니까.

· 내면의 인격을 키워라 ·

마음가짐은 무엇보다도 우리 자신을 바꾸어 놓는다. 우리는 마음을 지키기 위해 반드시 우리 안에서 오가는 생각과 사건들에 반응하는 마음의 상태를 살펴야 한다. 성경은 "무릇 지킬 만한 것보다 더욱 네 마음을 지키라 생명의 근원이 이에서 남이니라잠언 4:23"라고 말한다.

잠언 말씀이 의미하는 바는 명백하다. 내면의 인격은 다른 모든 것의 근원이기 때문에, 내면의 인격이 올곧아야 한다는 가르침이다. 그래서 우리는 올곧게 말하고, 올곧게 보고, 그리고 올곧게 행하는 데 집중해야 한다.

마음을 지키는 일은 생명이 다하는 순간까지 절대로 끝나지 않는다.
-존 플라벨

지상의 일들은
위대하다

• 프랑시스 잠

위대한 것은 지상의 일들이다.

우유를 짜서 나무 병에 담는 것.

살을 찌르는 뾰족한 밀밭에서 이삭을 거두는 것.

신선한 오리나무 밑에서 암소를 지키는 것.

숲에서 자작나무를 베는 것.

빠르게 흘러가는 냇가에서 버들가지를 엮는 것.

검은 벽난로, 옴 오른 늙은 고양이,

잠든 지빠귀, 뛰어노는 아이들 옆에서

오래된 구두를 고치는 것.

한밤중 귀뚜라미가 시끄럽게 울 때

소리 나는 베틀에서 천천히 옷감을 짜는 것.

빵을 굽고 포도주를 익히는 것.

뜰에 양배추와 마늘 씨앗을 뿌리는 것.

그리고 온기가 남아 있는 달걀들을 거두어들이는 것.

1905년 프랑시스 잠은 시인 폴 클로델Paul Claudel의 영향을 받아 명목상의 가톨릭 신자에서 실천적인 신자가 되었다. 그는 소박한 금욕적인 생활을 추구했는데 때로는 지나칠 정도로 엄격했다. 후기의 시에도 서정성이 남아 있지만 그가 가톨릭 신앙에 깊이 몰입한 결과, 강한 종교적 요소를 포함하고 있다.

〈지상의 일들은 위대하다〉는 프랑시스 잠의 시심詩心을 가장 잘 보여주는 시 가운데 하나이다. 그는 가벼운 일상을 우습게 여기지 않았다. 일상의 소소한 일들이 사실은 인생의 중요한 일이라고 말한다.

영성 작가 켄 가이어Ken Gire는 자신이 날마다 아침 햇살을 어떻게 맞이하고 있는지 묵상한다고 했다. 시인도 그와 같은 눈빛으로 세상을 바라본다. 그러므로 우유를 짜서 나무 병에 담는 것, 살을 찌르는 뾰족한 밀밭에서 이삭을 거두는 것, 오리나무 밑에서 암소를 지키는 것, 숲에서 자작나무를 베는 것, 빵을 굽고 포도주를 익히는 이 모든 일이 위대하다고 노래한다.

프랑시스 잠은 공해 없는 자연 속에서 조물주의 솜씨를 아침저녁으로 지켜보았고, 지켜봄으로써 배우고 깨달았다. 씨앗을 뿌리면서 심고 거둠의 이치를 생각했으리라. 온기가 남아 있는 달걀들을 거두어들이면서 생명의 신비에 경외감을 느꼈으리라. 지상의 일들은 위대하기에.

그리스도인의 삶을 유지하기 위해 필요한
영적인 삶과 훈련은 조용하고 반복적이며
평범하다.

-티시 해리슨 워런

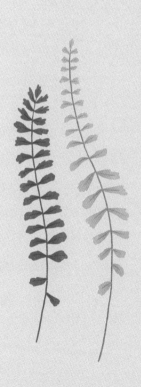

매 순간이
당신의 것

• 안셀름 그륀

많은 이들이

이미 주어진 삶을 붙들 생각은 하지 않고

정말 잘 살 수 있을 '언젠가'를 위해 스스로를 다그치고는 한다.

그들에게는 오늘이 그날을 위한 준비 기간일 뿐이다.

나중에 즐기면 된다고 생각하고 무작정 미루는 삶은

아무런 의미가 없다.

자신에게 기회가 어느 정도 남아 있는지 누가 알겠는가?

그런 기회는 우리가 생각하는 것보다 항상 더디게 찾아온다.

게다가 우리에게 주어진 시간은 한정되어 있다.

과거에도 그랬고 지금도 마찬가지이다.

사람은 자신이 얼마 동안 살지 알 수 없으며,

어떤 삶이 허락되어 있는지 신의 뜻을 헤아릴 수 없다.

얼마나 오래 사느냐, 얼마나 많은 것을 성취하느냐

얼마나 많은 사람들에게 인정받느냐는 중요하지 않다.

정말 중요한 것은

마음을 활짝 열고

넓은 마음으로

매 순간을 살아가는 것이다.

삶의 목표는 가능한 한 많은 일을 하는 데 있는 것이 아니라

삶 그 자체를 사는 데 있다.

따라서 삶이란 많이 체험하고 노동 후에 즐기는 것이 아니다.

오히려 삶이란 순간을 사는 것이며

마음이 원하는 것을 따르는 데 그 의미가 있다.

현존하는 것을 인지하고 삶의 비밀을 발견하는 것이

진정한 삶이다.

시간이란,

최대한 이용해야 할 부족한 재산이 아니라

신과 하나가 되는 장소이다.

신에게 시간은 정지되어 있다.

그것은 흘러가는 것이지만 또한 영원과 같다.

순간을 살며 시간을 충만하게 보낼 줄 아는 사람은,

충만한 자신을 감지할 수 있으며

신과 하나가 될 수 있다.

• 카르페 디엠 •

지역과 종교를 뛰어넘어 많은 독자들의 영혼에 깊은 울림을 전해주는 안셀름 그륀 신부는 우리 시대에 가장 많이 읽히는 영성 작가이다.

이 시는 안셀름 그륀의 '일상 영성'을 보여준다. 무엇보다 영화 「죽은 시인의 사회」에(여기서 '사회'는 오역이다. 본래의 의미는 고인이 된 시인들을 사랑하고 기리는 '동아리'라는 의미이다.) 나오는 라틴어 '카르페 디엠carpe diem'을 떠올리게 한다. '카르페 디엠'은 고대 로마의 시인 호라티우스Horatius의 라틴어 시의 한 구절이다.

라틴어 카르페Carpe는 '즐기다, 잡다, 사용하다'라는 의미이고, 디엠 diem은 '날'을 의미한다. 따라서 '카르페 디엠'은 "지금 이 순간을 즐겨라 Enjoy the moment" 또는 "현재를 잡아라"라는 뜻이다.

시인에 따르면 많은 이들이 이미 주어진 삶을 붙들 생각은 하지 않고, 정말 잘 살 수 있을 '언젠가'를 위해 스스로를 다그치고 있다. 그는 《노년의 기술》이란 책에서 이렇게 말한다.

"지나간 젊음을 슬퍼하는 사람이 진정한 삶을 이해하지 못하는 사람이라면, 현재의 삶을 즐기는 사람은 삶의 예술가라고 칭해야 할 것이다."

매 순간이 우리의 것인 오늘을 즐기며 살아가는 것, 그것이 매 순간을 잘 살아가는 지혜가 아닐까?

우리의 삶은 오늘의 연속이다.

                 - 김용신

오늘 그대는
무엇을 했는가?

• 워터맨

앞으로 다가올 시간 속에서

그대가 많은 일을 할 수 있을지는 몰라도

미래는 아직 오지 않은 것

오늘 그대는 무엇을 했는가?

그대가 내일 많은 황금으로

이웃을 도울 수 있을지는 몰라도

오늘 그대는 무엇을 도왔는가?

우리는 낙심한 영혼을 주께로 인도하여

눈물을 닦아 줄 수 있는데

우리는 절망하는 저들에게 희망을 심어주고

사랑과 용기의 말을 줄 수 있는데

오늘 그대는 무엇을 했는가?

내일 그들에게 친절을 베풀 수 있을지는 몰라도
오늘 그대는 어떻게 했는가?
내일 외로운 이웃의 삶에 동참할 수 있을지 몰라도
오늘 그대는 무엇을 주었나?

우리는 진리를 더욱 빛나게 하고
굳건한 믿음을 자랑 할 수 있으며
굶주린 영혼들을 생명의 양식으로 먹일 수 있는데
오늘 그대는 무엇을 했는가?

• 오늘이 가장 좋은 날이다 •

시인은 하루하루의 삶을 진지하게 맞이하라고 말한다. 미래는 아직 오지 않았다. 중요한 것은 오늘 낙심한 이를 주님께 인도하고 절망하는 사람에게 희망을 심어주는 일이다. 내일 나는 무엇인가 할 수 있을까? 그러나 더 중요한 질문은 "오늘 그대는 어떻게 했는가?" "오늘 그대는 무엇을 주었나?"이다. 생각해보면 '오늘'이라는 날에 우리가 할 수 있는 일은 많다.

'오늘 내가 헛되이 보낸 시간은 어제 죽은 이가 그토록 그리던 내일'이라는 말이 있다. 새로운 하루를 맞이할 때마다 당신은 감사하는가? 최선을 다해 살아가고자 다짐하는가? 성경도 우리에게 아직 '오늘'이라 일컬을 수 있는 그날그날을 신실하게 살라고 권면한다.

"오직 오늘이라 일컫는 동안에 매일 피차 권면하여 너희 중에 누구든지 죄의 유혹으로 완고하게 되지 않도록 하라(히 3:13)"

사람들이 갖고 있는 가장 일반적인 착오는 지금은
결정적인 때가 아니라고 생각하는 것이다. 그날그
날이 평생을 통해서 가장 좋은 날이라는 것을 마음
속 깊이 새겨 두어야 한다.

-에머슨

잃고 얻은 것

• 헨리 워즈워스 롱펠로

잃은 것과 얻은 것
놓친 것과 이룬 것
저울질해 보니
자랑할 게 별로 없구나.

내 아느니
많은 날 헛되이 보내고
화살처럼 날려 보낸 좋은 뜻
못 미치거나 빗나갔음을

하지만 누가
이처럼 손익을 따지겠는가.
실패가 알고 보면 승리일지 모르고
달도 기우면 다시 차오르니.

인생에는 세 종류가 있다고 한다. 생존의 삶, 성공적인 삶, 그리고 의미 있는 삶이다survival life, successful life, significant life. 어떤 사람은 하루의 끼니를 걱정하며 산다. 어떤 이는 인생이 꼭대기까지 올라가야 하는 사다리라고 생각하고 산다. 또 어떤 이는 인생을 잘 가꾸어야 할 정원이라고 여긴다.

시인 장석남은 이렇게 말한 적이 있다.

"삶이 누군가를, 무엇인가를 넘어가는 것이 아니라 그 모든 것을 하나씩 적시고 채워가는 것이라고 나는 물의 여정에서 배운다."

그는 모든 흘러가는 것, 여행하는 것, 지나가는 것에서 배운다고 했다. 때로 인생이란 모래시계의 모래처럼 끊임없이 빠져나가는 것처럼 보인다. 어느 날 하루하루가 인생의 마지막 날인 것처럼 소중하다는 걸 깨닫기도 한다. 그리고 하루하루를 마지막 날인 것처럼 의미 있게 잘사는 게 인생을 잘 사는 것이란 걸 알게 되기도 한다. 인생이란 하루하루가 모여서 된 것이니까.

우리의 하루하루는 그래서 더 감사하고 귀하다.

인생이 아무 조건 없이 우리가 원하는 것을 해줄 의무는 없다.

-마가렛 미첼

너그러우신
하나님

• J. 갈로

주님이 우리를 이해하시는 그 사랑으로

우리도 형제를 이해하도록 도와주십시오.

비판과 비난을 퍼붓고 싶을 때라도

먼저 관대한 마음으로 이해하게 해주십시오.

악의가 보일 때라도 상대방의 선의를 믿고

다만 표현이 서툴렀던 것뿐이라고 이해하게 해주십시오.

뚜렷이 드러나는 나쁜 버릇을

언제까지고 버리지 못하는 사람을 볼지라도

고치겠다는 생각은 하면서도 고치지 못하는

그의 연약함을 보게 해주십시오.

괴팍하고 차갑고 불쾌한 행동을 하더라도

자신은 그러고 싶지 않지만

내성적이고 수줍어

그런 표현을 하게 된다는 것을 이해하게 해주십시오.
부도덕한 행위를 볼 때라도
그럴 수밖에 없었던 사정이 있었으리라고
생각하게 해주십시오.

도대체 이해할 수 없는 사람을 볼 때
주님만이 아시는 한 사람 한 사람의 신비를
존경하는 법을 가르쳐주십시오.
시야를 넓혀 주시어
이웃의 길은 내 길과 다르고
하나님을 섬기고 이웃을 위해 최선을 다하는 길도
각기 다르다는 것을 가르쳐주십시오.

호감을 가질 수 없는 사람도 깊이 이해하게 하시고
소중히 여기게 해주십시오.
형제를 더욱 잘 알고 싶다는 바람을
우리 안에 굳혀 주시고
더 너그럽고 친절한 마음으로 이웃과 사귀게 해주십시오.

﹒ 하나님이 원하시는 사랑 ﹒

선교사 리빙스턴이 죽고 삼 년 후에 설교가 헨리 드러먼드가 원주민들을 만났다. 그는 사람들에게 리빙스턴에 관해 물었다.

"그는 어떤 사람이었습니까?"
"그는 우리를 사랑했습니다."

사랑은 정의하기 어려울지 모르지만 분별하기는 어렵지 않다는 말이 있다Love may be difficult to define; it is not difficult to discern. 어떤 사람은 사랑이 부드럽고 달콤하고 짜릿하다고 생각할지도 모른다. 그러나 시인은 사랑은 이해에서 시작한다고 말한다.

사랑은 무엇인가? 예를 들면 인간관계에서 다른 사람에게 받는 상처, 악행과 손해를 견디어내는 것이다. 바울은 이러한 사랑을 '오래 참음'이라고 불렀다. 이 오래 참음은 잘못에 대한 응징을 더디 한다는 것이다.

초대 교부 요한 크리소스톰은 '오래 참음'을 이렇게 설명했다.

"사람들에게 그릇된 대우를 받고 잘못 취급받아 상처를 받았을 때 복수할 수 있는 힘이 있음에도 불구하고 이를 간과하는 능력이다."

이러한 사랑은 인간관계에서 '온유'로 나타난다. 오래 참음이 '시간'에 초점을 맞추고 있다면, 온유는 다른 사람을 대하는 '태도'와 관련이 있다. 시인은 그것을 '너그럽고 친절한 마음'이라고 말한다. 그것은 부드러움이다. 남에게 도움이 되도록 선을 행하는 것이다. 온유는 주님의 성품이다 마 11:29. 예수님은 욕을 받으시되 대신 욕하지 아니하셨다. 예수님은 온유로 승리하셨다.

온유하고 친절하기로 유명한 윌리엄 펜에게 그 비결을 물었다.

"나는 지금이 내 인생에서 친절을 베풀 수 있는 마지막 기회라고 생각합니다. 내일 일은 아무도 알 수 없으니까요."

사랑을 소유한 영혼은 하나님의 형상을 가장 닮은 영혼이다. 사랑은 하나님이 우리 안에 주신 가장 큰 힘이다. '너그러우신 하나님'은 이웃에 대한 우리의 사랑이 그들을 대하는 태도에서 증명되기 원하신다.

정열적으로 사랑을 해보지 못한 사람은 인생의 절반,

그것도 아름다운 쪽의 절반을 잃은 것과 같다.

- 스탕달